안부만 묻습니다

빛나는 시 100인선 · 2
안부만 묻습니다
이향아 시선집

인간과 문학사

• **시인의 말**

평생에 단 한 권의 시집만으로도 족하다고 생각했었다.
그러나 나는 2012년까지 열아홉 권이나 되는 시집을 내고 말았다.
어리둥절 하는 동안 그렇게 된 것이다. 아무리 시작詩作 생활 반세기가 넘었다고 변명하여도 너무 많은 숫자다.
시집이 많은 것은 자랑거리가 될 수 없을 것이다.
제대로 마음속을 표현하기 어려울 때 중언부언 더듬거리듯이, 적중하는 한 마디 말을 찾지 못해서 잔소리가 길어지듯이, 나는 나를 수정하고 다시 변명하기 위해서 자꾸만 늘어놓지 않았을까.
그러나 열아홉 권으로 끝을 낼 수도 없다.
나는 앞으로도 좋든 궂든 이 일을 계속할 것이다.
기운이 쇠진하여 더 이상 불가능한 그 날까지 내 어리석은 작업을 멈추지 않을 것이다.
나는 이런 일이 전혀 귀찮지 않을 것이며 살아있음의 의미와 보람이라고 말할 것이다.
시선집도 이번으로 세 번째다.
≪인간과문학≫에서는 60-70편을 보내달라 했지만, 대강

선별하여 115편이나 보내면서 결선의 수고까지 부탁하였다. 내 손으로 가리기가 왜 이렇게 어려운지. 뽑히지 않은 시와 뽑힌 시들에 든 차이가 있을 리 없다는 것을 안다. 한 사람의 정신을 훑어낸 것인데 우열이 있다 한들 얼마나 있겠는가. 그들은 모두 아픈 손가락들이다.

　이상한 일이다. 시집과 시집 사이에 이렇다 할 시간의 간격이 있는 것도 아닌데 각 시집별로 시인의 정신과 시의 형식에 미묘한 특징이 생긴다. 물을 퍼낸 다음 다시 고이는 동안 자연스럽게 선회한 내 각오일까? 허리를 펴고 먼 산을 보는 동안 나도 모르게 다잡은 각성일까?

　나를 주저앉지 않게 일깨워주신 ≪인간과문학≫의 유한근 선생님께 고맙다는 말씀을 전하고 싶다.

　창밖 대모산에 걸친 하늘이 유난히 청명하다.

2013년 10월 초
覞池堂에서 이향아

빛나는 시 100인선 · 2

안부만 묻습니다
차례

시인의 말

1부 연연戀戀
편지 12
찻잔 13
안부 14
문패 17
동행 18
화투 20
씨앗 속에는 22
낯선 길 노점에서 24
눈을 뜨는 연습 25
후회 27
돌아누우며 28
식탁 30
연연戀戀 32
꽃 33
독毒 35
풀꽃 37
봄밤 39
헛간을 지으며 41
취나물 뜯기 43

아침에는 이슬이 47
저녁 산 49
당신의 피리 51
경청하소서 53

2부 누가 날 찾나보다
내 가슴의 고요 56
강을 건널 때 나는 58
소름의 여자 60
저녁 강가에 서서 61
불러 볼거나 63
소식 몇 자 64
해바라기 66
누가 날 찾나보다 67
개망초꽃 칠월 69
유서를 쓰던 밤 71
여름 산을 바라보고 있으면 73
콩나물을 다듬으면서 74
빨래를 널고서 76
꽃다발을 말리면서 78
나는 왜 걸핏하면 눈물이 나는지 80
쪽빛 종말을 생각하며 81
찻잔의 모서리에 83
그리운 영원 84
안녕하십니까 86

가고 싶은 나라들 88
적막을 위하여 89
오래된 얼굴 90
이런 날 이런 때는 91
아름다운 목소리로 후회하고 싶었다 93

3부 집으로 간다
불을 당겨서 96
진실하게 말하려면 눈물이 나온다 98
아지랑이처럼 살아요 99
누가 울고 있나 보다 100
나는 얼마나 그림 같은지 101
추억이란 말에서는 102
마른 꽃다발 103
나는 얼마 동안 104
집으로 간다 105
손을 잡았다 106
아지랑이가 있는 집 107
어쩌다 나 같은 것이 108
자족하기 110
그것이 걱정입니다 112
오래된 슬픔 하나 113
능소화 편지 115
나는 슬프다 116
봄 바다 파도처럼 118

벼랑의 나무 119
군불을 때며 120

4부 혼자 불을 켤 때

지금 수양하고 있습니다 122
행복은 어렵지 않다 124
안부만 굽습니다 126
꽃차를 마시며 127
아주 그윽하게 128
포도주를 담그는 날 129
그날부터 130
견딜 수가 없다 131
한강 큰 다리 아래서 133
어느 먼 곳을 기다리는 시간 135
혼자 불을 켤 때 137
물푸레나무 혹은 너도밤나무 139
맹물 141
냉수를 마시며 143
당신 덕분에 145
상수리나무 떡갈나무 쥐똥나무들 147
익숙한 밤 149
천천히 피를 가스려 151
사죄 152
임피역 153
울어야 아가야 155

빛나는 시 100인선 · 2

생두부를 먹을 때면 157
어머니 큰 산 159
지금이 몇 시냐 161

● 이향아의 시세계 163
결곡한 시와 시인의 노래 | 강경희(문학평론가)

1부

연연戀戀

편지

오밤중에 이 편지를 씁니다.
밀밀한 수목의 울음소리같이
깊고 크낙한 그믐밤에.

길길이 쌓인 나의 염원은
금세 젖어버린 핏빛 손수건

이 소식을 전합니다

이 밤 어느 집 장광 옆에서는
한 알 앙증스런 봉숭아 씨가 영그는데
다 아신다면서 아무것도 모르시는 당신

이 같은 밤엔 나도 남루한 옷을 갈아입고
양지바른 땅 향 어린 수목으로
피어나고 싶습니다

이 사연을 전합니다

찻잔

기다리네, 지금
고향집 토담에 기대던 햇살
반짝이는 머릿단 너머 그 고요를

아, 능금꽃물 오르는 우리네
손가락 끄트머리
안쓰러운 기다림은
들녘 복판에
전류처럼 누가
찻잔을 두고 갔네

암사슴의 눈빛이 고인
아주 쬐고만 휴식의 하늘을
그리운 토담 따갑던 햇살을

능금꽃 피는
우리 사이에

안부

자네도 알지
'데스가부도'라는 사람
군산 사람이면 누구나 알 것이네
해망동 굴 밖 비릿한 뱃고동 소리에
수박덩이만한 머리통을 가누고
비오는 부두에서 군가를 부르던
그 총각.

많이 늙었다데
비단 폭 밟듯, 예수처럼
바다를 밟고 싶어 하며
평화롭게 마흔 살도 넘었다데
초등학교 뒷담 밑은
우리들의 왕궁
'야, 데스가부도다, 미친 놈! 설친 놈!'
조무래기들은 침을 뱉으며
팔매질하며

그러면 데스가부도는
'저리들 가! 느이들 미쳤냐? 미쳤어?'

아! 그의 절규가
헛바람처럼 맴돌던 초록 하늘
정녕 아름답던 초록 하늘엔
비행기 몇 대가 날고 있었지
나보다
먼저 죽고 말 것이네
그는

대추나무 잔가지로 수액이 뻗히듯
천천한 내 사랑은 전할 길이 없이……

우리들은 소망대로 어른이 되고
우리들의 어린 것들은 골목에서
흙 묻어 크네

내 비망록 저 은밀한 부분에서
데스가부도가 억울하게 늙어 가네

문패

우리 집 문패는 작고 초라하다
남 보기에 하찮을 우리 행복의 크기
남편의 고집이 내 순종을 불러
거기 휘파람 불며 걸려 있다
'이 담에 대리석 기둥에 당신 이름이랑 함께 새겨서'
그가 몇 해 전이던가 말했었다
문밖은 꽤 차고
이따금 바람 지나는 소리도 들렸었다
나는 웃었다
벌써 중년에 접어든 그의 얼굴은 안보고 가만히 웃었다
벌써 중년에 접어든
내 웃는 얼굴을 보고
그가 어떤 얼굴을 하였나, 나는 보지 못했다

동행

강물이여,
눈먼 나를 데리고 어디로 좀 가자
서늘한 젊음, 고즈넉한 운율 위에
날 띄우고
머리칼에 와서 우짖는 햇살
가늘고 긴 눈물과
근심의 향기
데리고 함께 가자

달아나는 시간의 살침에 맞아
쇠잔한 근력에서 몇 십분의 얼마
감추어 꾸려둔 잔잔한 기운으로
피어나리

강물이여 흐르자
천지에 가득한 내 목숨 걷어
그중 화창한 물굽이 한 곡조로

살아남으리

진실로 가자
들녘이고 바다고
눈먼 나를 데리고 어디로 좀 가자

화투

잠 안 오는 밤 건너가 보면
어머니가 혼자서 신수패를 떼신다
열두 장 엎어 놓고
그 위에 젖혀 놓고
끗수 높은 것부터 차례로 놓는
오직 이것이다
어머니의 화투라면

외로운 정백이 가르마를 타고
안개 서린 어깨를 흘러 내려
고적 위로 쏟아지는 오색 화투장

2월 매조 임을 만나 두레박 팔자
8월 공산명월에 빛 쪼이다가
10월 단풍 근심덩이 노루새끼야

육중한 밤, 불을 밝힌 건넌방에는

어머니가 만지는 화투장 소리
은밀한 그 세월이 물먹는 소리

씨앗 속에는

씨앗 속에는 떡잎이 있습니다
떡잎 속에는 한 생애가 다리 뻗을 햇살이 있습니다
햇살 속에는 무심의 강물
강물 속에는 이야기가 있습니다
이야기 속에는 슬프고 고운 색깔이 있습니다
색깔 속에는 더디고 질긴 꿈이 있습니다
꿈 속에는 눈물이, 눈물 속에는 소금이 있습니다
소금 속에는, 소금 속에는
저린 삶이 있습니다

내 잡고 서 있는 아흔 아홉 현금
어느 것을 울려도 나는 아픕니다

버린 돌멩이 하나
흐르는 세월 속에 놓친 바람 한 조각도
풍랑이 되어, 반란이 되어 날 풀어 헤칩니다
씨앗이 움켜 쥔 정절은

내 기후에 떨어져 뿌리를 내립니다
날개가 됩니다, 기폭이 됩니다, 믿음이 됩니다
독한 삶이 되어 다시
씨앗을 낳습니다

낯선 길 노점에서

낯선 길 노점에서 항아리를 샀습니다
굴러가는 땅의 허기진 항아리 속,
떠돌다가 쉬러 든 두어 뼘 햇살
길 잃은 노래랑 같이 얹어서
헐값에 샀습니다
쭈그린 그 목청을 윤기 나게 갈아서
도망쳤던 말들을 포기포기 붙들어서
뜻하지 않았습니다
낯선 길 그곳에서 돌아오기까지
기여코 내게
돌아오기까지

눈을 뜨는 연습

어둠 속에서 눈을 뜨고 있어 보았겠지요
내 젊은 날의 시력 속으로 일천 근량의
유혹과 각오와 해탈
날 흔들어요, 눈 부셔요

어둠 속에서 눈을 뜨고 있으려면
밝음 속에 눈이 걸어 있는 것보다
아파요, 슬퍼요
내 공복은 어둠에 뚫려 허공에 떠요
마른 생선처럼 우기어 창천을 가요
눈을 뜨는 연습

어둠을 밀어내지 않고 끌어당기는 연습
죽음을 이기는 연습
기를 쓰고 사는 연습

어둠 속에 눈을 뜨고 있으면

대수롭지 않게 알게 되어요
구차한 사슬이 하나씩 무너지고
끝내는 나도
지긋한 어둠 하나로 놓여날 것임을

후회

비 오는 날 시장 길에서 뒹구는
고추 가짓모 몇 그루를 주웠다
나는 어두운 농사일 솜씨로
잔디를 쥐어뜯고 그것들을 앉히었다
팔러 가던 어떤 이의 손에서 도망쳐
하필 내 눈에 뜨인 연고
혹은, 이들을 버린 자로부터
내 손에 안기기까지의 연고
그것들의 숙명이 미안스럽다
겨우 내 뜰에 오려고 씨앗에서부터
저들이 견딘 그 긴 역정을 생각해 보라
나는 때로 후회도 하면서 이들을 본다

올 여름 열릴 진보랏빛 가지 몇 개
루비빛 고추 얼마가 익을 늦가을까지
나는 황후처럼 걱정이 없을 것이지만
때때로 후회도 하면서 이들을 본다

돌아누우며

돌아누울 때마다 등이 시리다
배반하는 자보다 나는
춥다.
멀고 먼 지층의 사닥다리 밑으로
아리한 절망,
이 하강

돌아누울 때마다 언제나
새로 만나는 낯선 어둠의
아까 버린 어둠보다
육중한 손
밤새도록 뒤척여도 끝내는
한 치 밖으로도 도망하지 못하면서
나는 끝없이, 끝없이
돌아눕는다.

슬프다

머리끝에서 발뒤꿈치까지
떨리는 인욕의 날을 세우고
내일 아침 한 움큼 삭아내릴
후회로나 남을까
망설이며 맹세하듯
돌아눕는다.

식탁

내 자란 항구 서해 바닷물 퍼서
내가 만든 요리는
조금씩 짜다

잊은 듯 행여, 행여 더 끓다가
피도 눈물도 남들보다 더 짤 것이다

애가뭄에 독 오른 고추
내가 만든 요리는
조금씩 맵다.
쏘아 붙이는 내 외마디 소리
밋밋한 숨결 중에
솟구치는 기운
속의 열기다

솥뚜껑을 열 때면
알라딘의 요술 램프

번번이 밥은 질ㄴ 숭늉은 쓰다

어른 아이 할 것 없이 자리에 앉아
먼 산을 우러르듯 그립게 둘러앉아
땀 흘려 이 질긴 요리를 씹자
나는, 그대들 산호 보석 같은 입을 벌리어
오늘도 겨우
아프고 질긴 맛이나 저며 먹인다

연연戀戀

내 비록 하루 세 끼
밥은 먹고 살아도
내 소망은 새가 되는 일
내가 믿는 것은
당신과의 약속
어느 날 홀연히 날 불러도
그 소리 듣지 못한 채
귀 먹어 있으면 어쩌나
어쩌나

그 외 딴 걱정은 없습니다
걱정 없습니다

꽃

꽃이라고 소리나 기까지
나는 숱한 말을 더듬거렸습니다
꽃이라고 소리낸 다음
나는 다른 말을 죄 잊어버렸습니다
꽃이란 말이 독바늘처럼
귀에 와 꽂히는 뜻을 알겠지요

고운 피로, 아니면 어지러운 연기로
꽃이여, 벙어리여
있는 것 다 털어 날려 보내고
울부짖을 목청도 없이
두 손을 헤적이며 돌아온 것이여

내 화첩에는 꽃만 남았습니다
날개 달린 새들이야 애진즉 날아가고
네 발 달린 짐승은 걸어서 갔습니다
묶이어 만만한 꽃

육합에 가득 꽃만 남았습니다

목젖 밑에 두고두고 삭아내리는
흐느낌 같은, 바람 소리 같은
기도만 몇 마디 남았습니다

독毒

푸른 수심의 거울 앞에서
향기로운 유혹으
기름을 바른다
내 얼굴은 형광빛
구슬픈 등잔
그 혼미한 독 속에 나는 갇힌다

주전자에 끓는 몇 모금의 구원
거기에 내 미각을 잠재울 독을 섞는다
아름답고 울적한 세상이 보고 싶어서
나는 항상 독이 있는 쪽으로 허리를 굽힌다
목숨을 즈금씩 떼어 줄지라도
거의 모두 떼어 주면서도

사랑이여,
나는 보는 눈이여
네가 그중 독하고드

독하다
그걸 속에 품고 키워 가느라
내 쓸개는 죄다 헐어
지금 누더기 같은 흠집뿐이다

풀꽃

어디서 보았을까
낯익은 얼굴

해산한 여인 같은
가을 들판에
한나절 해를 묶어
들러가게 하는
그대

천지 분간도 못하던 그때
칼로 벤 듯, 하직하듯
돌아섰을 때
내 발등 적시는 눈물
닦아내던 사람

산천을 떠돌았지
소금밭에 누었었지

철들면 안다는 말
믿지 않았지

저물어 돌아오는 지친 발 아래
옛날이나 지금이나
기다리는 이

난장판 보리꺼풀
나 같은 것을
금빛 노을 관을 쓰고
바라보는 이

먼 산자락 끌어 덮어
다독이면서
잊었는가
잊었겠지
꿈을 꾸라 하는 이

봄밤

꽃이 핀다

우리도 꽃 피자
우리도 꽃 피자
신열로 부대끼는 마을 사람들
뜬눈으로 울력하는
긴 긴
봄

나이찬 뒤뜰의 살구나무는
분내 나는 무릎으로
분내 나는 무릎으로
얼었던 창마다 불을 켜댄다
조그맣게 우는 소리
꽃이 핀다

꽃이 핀다

죽는 일처럼 사는 일처럼
말이 쉽지
꽃 피는 게 어디 예삿일인가

봄 밤
꽃이 핀다

헛간을 지으며

헛간 하나를 더 지어야지.

버리기는 아까운 빈 병, 눈부신 빛깔의 저 일회용 포장지를 위해서, 그들의 절망을 위로할 은근한 놀이터를 지어야지.

하루살이 일간 신문지, 365일 아우성치던 초호활자의 안식을 위해서, 유행이 뒤처진 노래와 잊혀져가는 영광을 위해서 집을 지어야지.

버릇으로 견디는 묵은 살림, 알맹이만 하나씩 빼먹고 썩을 만한 것들은 썩어 물이 되어, 더러는 거름으로 스며들고 더러는 정기로 떠도는,

쓸개 없는 껍데기로 거리는 덜컹거린다. 바람이 불면 하늘이 공연한 뜬소문으로 어둡다. 설핏 눈감으견 조금씩 빠져나가는 소리, 아직도 빠져나가는 소리에 가위 눌린다.

버리기 싫은 추억,

인연이 아니라며 돌아간 사람, 품고 죽을 비밀을 위해, 밀려나는 고전을 위해 부활을 꿈꾸는 집을 짓는다.

마른 심지 끝에 입김만 불면 불이 붙을 것 같은 아직은 멀쩡한 정신을 위해서, 결국은 우리들 은둔을 위해서 잠복

을 위해서,
 헛간이라고 불리고야 말 허무의 궁전을 짓는다.
 껍데기 한 칸을 더 늘린다.

취나물 뜯기

산길을 걸었다.
허리엔 나지막한 산죽 숲을 거느리고
발밑엔 가으내 봄내 떨어진 낙엽을 버스럭거리면서
쉬며 걸으며, 걸으며 쉬며 산길을 걸었다.

이승의 끝을 가듯 산길을 걸으면서,
이따금 나는 하늘의 별 같은 땅 위의 풀잎을 찾아내리라 결심하였다.
그것은 향기로운 취나물 잎사귀,
너훌거리는 취나물 잎사귀는 나의 과업.
일순의 섬광 은희로운 계시여.

이것이 취나물이지요. 분명 이것은 취나물일까요.
나는 그럴싸한 풀잎을 뜯어서 지나가는 이웃 산행자에게 물었다
어떤 이는 '네, 옳습니다. 바로 이게 취나물입니다'라고 반겼다.

어떤 이는 '이것은 취나물이 아니라 불로초입니다'라고 놀랐으며,
어떤 이는 '이것은 먹으면 잠자는 듯이 죽는 독풀입니다'라고 겁을 냈다.

내가 구하는 것은 불로초가 아니다.
내가 구하는 것은 독풀도 아니다.
내가 구하는 것은 한갓 산나물 취일 뿐.

나는 때로 희망, 때로 절망을 번갈아 느끼면서
진리란 무엇인가, 사교邪敎란 무엇인가 허우적거렸다.
시간은 흘렀다. 해는 이미 중천에 떠서
모든 산풀 위의 이슬을 걷어내었다.
해는 떠서 모든 산숲의 한적을 걷고
해는 떠서 산의 영광을 드러내었다.
나는 갑자기 산길을 걷는 것이 자랑스러웠다.
나는 행복하였다.

'취나물을 뜯으시네요. 저쪽 산말렁이 편편한 데에 무더기로 있습디다.'
 '취나물을 뜯으시네요. 개울가 언덕에 지천으로 있습디다.'
 사람들은 비밀한 장소를 일러주듯 내게 은밀히 속삭였다.
 허위허위 달려간 산말랭이에도 개울가 언틀에도 무더기로 헝클어진 취나물은 없었다.

 취나물을 뜯으시네요.
 나도 진작 뜯었으면 좋았을 걸. 인제는 시간이 늦었습니다.
 참 잘하시는 일입니다.
 이 세상사람 절반이 내 취나물 뜯기에 마음을 쏟아 주는 듯했다.
 행인들은 취의 향기를 사랑하듯 나를 사랑하였다. 세상이 무심하다는 말은 빈말이었다.
 시간은 자꾸 흐르고 온 산에 묻어 있는 취의 향내를 나는 차츰 깨달아가고 있었다.

차 챠 처 쳐 초 쵸 추 츄 츠 치, 취 취 취
하루 종일 구구단을 외우듯 취를 외우며 산길을 넘었다.
내 그릇에는 겨우 몇 줌의 취나물이 고독하게 아주 고독하게 시들고
해는 벌써 뉘엿뉘엿 지고 있었다.
인생은 엎드려 취나물 뜯기
나는 마치 취나물을 뜯기 위하여 산길을 걷는 것처럼 세상만사를 착각하고 있었다.
차 챠 처 쳐 초 쵸 추 츄 츠 치, 취 취 취
인생은 엎드려 취나물 뜯기

아침에는 이슬이

아침에는 이슬이
저녁에는 안개가
나도 이만하면
넉넉합니다

햇살은 너그럽고
새들은 짖어쌓고
나도 이만하면
화려합니다

가다가다 눈먼 바람
평지를 막고
빈 들판 질러가던
그대 흙신발
어느 새 돌아와
서성댑니다

내 가슴 복판에서
서성댑니다

저녁 산

저녁 산이 앓는 것을
모를 뻔하였네

긴 긴 대낮 하늘
떠받혀 올리던 장대
저녁이건 고단해서
휘청거리는 것을

피 묻어 나겠네
자지러지는 노을
저녁 산 바라 타오르고
타는 노을 턱 밑에서
저녁 산 앓는 것을
모를 뻔하였네

걸어서 하루, 짠짠한 백 리
제 그림자 걷어 들이는

저녁 산 발걸음을
하루치 어스름
몇 마을의 위안
나갔던 새들 불러들이는
저녁 산 쉰 목소리를

산이 저녁에 앓는 것을 모를 뻔하였네
산이 저녁으로 늙는 것을 모를 뻔하였네

당신의 피리

나로 하여금
당신의 피리를 삼으소서

맺힌 시름은 풀어서
산 너머 보내고
노여움은 눌러서
잦아들게 하소서

당신을 사랑하는
나의 자랑만
봄풀처럼, 봄풀처럼
일으키소서

나로 하여금
당신의 피리가 되게 하소서

가슴은 비워 꽃그늘도 지고

기다리는 노래로 출렁이게 하소서

당신에게 대답하는
맑은 옥피리
예, 예, 대답하는
순한 옥피리

나로 하여금
당신의 피리를 삼으소서

경청하소서

하루를 탈 없이
건넜습니다

안 풀리는 매듭은
베고 잡니다

오늘 밤 꿈 속 밝힐
불꽃 같은 눈

내일 아침 돋는 해여
나를 경청하소서

2부

누가 날 찾나보다

내 가슴의 고요

너를 바라보는
내 가슴의 고요에서는
낮은 풍금소리가 난다

낙엽은 사철
아름다운 사연의
엽서처럼 지고

그 발자욱마다 기도로 스미리
풍화하는 노래로 잠기리
함께 가는 강물의 유유함이여
함께 가는 햇살의 눈부심이여

너를 생각하는
내 가슴의 고요는
살구꽃잎 흩날리는
4월 훈풍 같다

땅 위에 이런 은혜
다시 없으리

눈물 가득 너를 보는
내 가슴의 고요

강을 건널 때 나는

강을 건널 때 나는 의심스럽다
버리고 떠나온 지난날과 바라고 찾아 가는 앞날에 대하여
한 세계와의 헤프고 잦은 이별
새로운 세계와의 가슴 떨리는 악수에 대하여

삐걱거리는 다리 위에서, 흔들리는 뱃전에서, 갈라서는 바람의 허공중에서, 이 끝에서 저 끝으로 뻗치는 사랑
  나는 왜 강까지 건너가면서 살려고 살려고만 기를 쓰는지 의심스럽다

  강을 건널 때 나는, 강이 아까까지 익혀둔 이승의 골목길이 아니라는 것을
  강을 건널 때 나는, 강이 차라리 저승에서 더 가까운 미혹의 숲이라는 것을 저리게 깨닫는다

  강을 건널 때 나는 한 알갱이 이슬 같은 자유, 아흔 아홉 아픈 인연의 사슬을 끊고 하늘 아래 홀로 가는 떠돌이라는

것을 알게 된다

 강 언덕을 떠나올 때 느꼈던 슬픔보다 강 언덕에 도달해야 할 슬픔이 몇 배나 더 크리라는 것을 어렴풋이 알게 된다

소돔의 여자

나는 하릴없는 소돔의 여자
물 길어 밥하고
아이 품어 기른다

나는 어리석은 소돔의 여자
허울뿐인 사랑에도
가슴 헐어 바치고
마른 땅 흙바람에
가랑잎처럼 운다

젖은 신발 끌고 가는
눈에 익은 골목
목숨아,
목숨아,
물구나무선다

저녁 강가에 서서

저녁 강가에 서면
누구에겐가 혼신으로 예배하고 싶다
고별의 하루 해 가슴에 파묻고
목숨 바쳐 누군가를 사랑하고 싶다

정박한 배들이 찢어진 돛폭을 꿰매어
전설의 바다 산호섬을 꿈꿀 때

쓸쓸하다, 저녁 강가에 서면
노을은
하혈의 현기증으로 물결을 덮고
돌아다보는 기억들은 꽃밭보다 곱다

저녁 강가에 서면
하늘 아래 한 사람의 이름을 외워
'영원히'라고 맹세하고 싶다

강물은 만삭의 여인처럼 가쁜 숨을 쉬고
나는 내일 아침 새순처럼 부활하고 싶다
성전처럼 가라앉은
저녁 강가에 서면

불러 볼거나

불러 볼거나
두 귀는 막고
해 기우는 벌판에서
목을 놓아 울거나

도리깨질 쫓겨 날릴
검불도 티도
나도 한 번 큰 맘 먹고
엄두 한 번 내 볼거나

아프게 감췄던 말
죽은 듯이 둚어서
도로 파묻을거나
풀어낼거나

소식 몇 자

안녕하신지요
겨울은 장황한 적막이네요
새끼 짐승처럼 웅크리고서
그럭저럭 몽매간에 살아갑니다

땅껍질 밀어 올릴 쑥잎을 품은
먼 들판 쫓아가며 묵념도 하고
스텐리스 칼날같이 챙챙한 강에
다시금 가슴 헹굴 꿈도 꾸면서
마늘씨 묻어둔 양지밭께로
우수절 가까이 술렁대는 하늘이
아랫목 이불처럼 깔려 있어서

요술피리 흉내 내는 바람 소리에
알 듯한 옛노래도 따라한다고

난필총총 이 소식

전하고 싶네요
나는 기다리기 별 탈 없다고
모처럼 소식 몇 자 쓰고 싶네요

해바라기

해바라기는 꽃이 아닙니다
꽃이 되려다 못된 넋들이
입김에도 스러질 연한 것들이
철천지한을 다지고 다져
저렇게 정신 차리고 서 있는 것입니다

발돋움 휘를 쳐도 땅은 낮아라
소리소리 하늘에 다리를 놓아
깃발처럼 머리 풀고 서 있는 것입니다

해는 긴 긴 날 금실을 꼬아
심장 위에 한 땀 한 땀 바늘을 꽂고
꽃빛보다 슬픈 피 먼저 쏟으며
저렇게 꽃인 듯이 흉내 내는 것입니다

세상의 꽃들은 모두 죽어서
해바라기 되는 것이 소원입니다

누가 날 찾나보다

누가
목청을 가다듬어
내 이름 하나
된 소리로 부르고 있나보다

미루나무 바람에 목을 매달고
그냥 가지 마
그냥 가지 마
허옇게 바스러지는
한 뼘 남은 일광

누가 나를 찾고 있나보다
겨울 바다 운직이는 섬처럼 떠서
저녁 선창 툴빛을 바라다보면
공연한 말 생각나서
서성이게 되나보다

강변에 쓰러진 갈대 숲 꺾어
매운 연기 흩뜨려 불을 놓아서
나 여기 살았어요, 목숨의 봉화
벌판에 한바탕 유서처럼 필까보다

누가 날 찾나보다
헤매나보다
무너진 흙담 쌓고 창호지도 바르러
나 지금 서둘러 돌아가야 할까보다

개망초꽃 칠월

칠월 들판에는 개망초꽃 핀다

개살구와
개꿈과
개떡과
개판

〈개〉자로 시작하는 헛되고 헛된 것 중
〈개〉자로 시작되는 슬픈 야생의
풀꽃도 있습니다
'개망초'라는

복더위 하늘 밑 아무데서나
버려진 빈 터 희드레 땅에
개망초꽃 여럿이서 피어나고 있다
나도 꽃, 나도 꽃
잊지 말라고

한두 해 영원살이 풀씨를 맺고 있다

개망초 지고 있는 들 끝에서는
지평선이 낮게 낮게
흔들리고 있을 거다

유서를 쓰던 밤

내게도 유서를 쓰던 밤이 있었지
앞길 창창하던 젊은 시절
어둠은 궁성같이 거룩하고
고요는 뻘밭처럼 끈끈했었지

나는 생애의 마지막 밤을
포옹하면서
달개비꽃 맑은
나의 별을 우러렀었지

나의 유서는 차라리
아름다운 연서
세상을 목숨 바쳐 사랑했었네
온몸이 무너지는 고백이었지

댓돌 위에 벗어 놓은
이승의 신발 위에

달빛 가득 흐느끼던 나의 첫사랑
유서를 쓰던 밤의 위태롭던 꿈
내 평생 가장 추운 밤이었었지

여름 산을 바라보고 있으면

여름산을 바라보고 있으면
죽는다는 것이
하나도 무섭지 않다
죽는다는 것은
호사스런 저 산자락을 베고 눕는 일
갈증에 울먹이던 저잣거리
두 발목 잡아끄는 수렁을 지나
연기처럼 구들장을 벗어나는 일
연기처럼 긴 머리채 헤뜨리고서
벙어리 저 들녘을 내려다보는 일
삐비새 원추리꽃 훨훨한 구름
비로소 나도
무념의 한 칸 마루 정자를 짓는 일
멀리 여름산
고매한 눈길을 쫓아가노라면
죽는다는 것이
하나도 두렵지 않다

콩나물을 다듬으면서

콩나물을 다듬으면서 나는
나란히 사는 법을 배웠다

줄이고 좁혀서 같이 사는 법
물마시고 고개 숙여
맑게 사는 법
콩나물을 다듬다가 나는
어우러지는 적막감을 알았다

함께 살기는 쉬워도
함께 죽기는 어려워
우리들의 그림자는
따로따로 서 있음을

콩나물을 다듬으면서 나는
내가 지니고 있는 쓸데없는 것들
나는 가져서 부자유함을 깨달았다

콩깍지 벗듯 벗어버리고 싶은
물 껍데기 뿐
내 사방에는 물 껍데기 뿐이다

콩나물을 다듬다가 나는 비로소
죽지를 펴고 멀어져 가는
그리운 나의 뒷모습을 보았다

빨래를 널고서

빨래를 널었다
사지를 늘어뜨린 나의
육신을
창천에 표백하듯
내다 걸었다

항복하는 사람처럼
두 팔을 들고
사모하기에는 아직 눈부신
오늘은 해를 향해
가슴을 풀었다

지금 나는 별로 큰
소원도 없고
그렇다고 흐느끼게
설운 일도 없지만
그리움을 알리는

하얀 깃발 하나는
마지막 별처럼 떠 있게
하고 싶다

빨래를 널었다
제풀에 마르는 들풀처럼
누워서
유순한 복종으로
흔들리고 싶다

꽃다발을 말리면서

누가 내게
이와 같은 슬픔까지 알게 하는가
꽃이 피는 아픔도 예사가 아니거늘
저 순일한 목숨의 송이송이
붉은 울음을 꺾어다가
하필이면 내 손에서 시들게 하는가
예수가 십자가에 매달린 것처럼
꽃은 매달려서 절정을 모으고
영원히 사는 길을 맨발로 걸어서
이렇게 순하게 못박히나니
다만 죽어서야
온전히 내게로 돌아오는 꽃이여
너를 안아 올리기에는
내 손이 너무 검게
너무 흉하게 여위었구나

황홀한 순간의 갈채는 지나가고

이제 남은 것은 빈혈의 꽃과
무심한 벽과
굳게 다문 우리들의 천 마디 말뿐
아무것도 없다

죽어가는 꽃을 거꾸로 매다노라면
물구나무서서 솟구치는
내 피의 열기
내 피의 노여움
내 피의 통곡
꽃을 말린다, 입술을 깨물고
검게 탄 내 피를 허공에 바랜다

나는 왜 걸핏하면 눈물이 나는지

나는 왜 걸핏하면 눈물이 나는지
어깨를 들먹이며 흐느끼는 구름
꽃다발 연기 속에 가을 강물 붉어서
물길 따라 바다까지 걸어가고 싶은지
산모롱이 골짜기 쉬어서 보면
처음 보는 땅마다 아름다움뿐인지
눈을 뜨고 바라보는 과분한 햇살에
넘보라 넘빨강색 크레용으로
옛날 걷던 골목마다 그리움인지
나는 왜 걸핏하면 가슴이 저린지
아무것도 아냐
아니라고 하는데도
나는 왜 잔 걱정
떠날 날이 없는지

쪽빛 종말을 생각하며

비 오는 날이면 나는 왜
괜찮다. 괜찮다
자꾸만 전에 없이 너그러워지는 것일까
이러다가 정녕 끝장을 보고야 말려는지
수상쩍은 구름은 낮게 깔리고
아직도 젊은 날의 미열에 떠서
이런 날이면 나는 왜
한 점 아편꽃을 먹은 듯
쪽빛으로 정신이 맑아지는 것일까
길 가다 처마 밑에서
돌물처럼 흐르는 빗물 소리를 듣든지
비를 긋는 창안에서
비를 맞는 창밖을 바라보면
창세의 씨앗 속인가
세상은 참 조고만 쪽빛
육신은 젖은 솜처럼 가라앉고
살아 오르던 풀기도 눅눅해져서

비 오는 날이면 나는 왜
쪽빛 바다 쪽빛 하늘의
쪽빛으로 헝클어지는
한 종말을 생각하게 되는 것일까

찻잔의 모서리에

찻잔의 모서리에 입술연지가 묻었다
커피는 벌써 아득히
나도 모를 후미진 골목으로 스며들고
입술 자국만 각인처럼 남았다
돌아서서 몰래 입술연지를 지운다
허락되지 않은 결정을 간음이라 했지
간음의 흔적처럼 부끄러운 자리
손바닥 가려 하늘을 속이듯
손바닥 가려 나 죄를 감추듯
남들이 다 손가락질하는
쓸어안고 울고 싶은 어두운 운명 같은
찻잔의 모서리 입술연지
살다가 떨어뜨린 이삭 같은 것이
더러는 남아 있을 연지 자국 같은 것이
하늘 아래 유별나게 두드러지는
하늘 아래 유별나게 펄럭거리는
아, 사는 일은 이렇게 투명하구나

그리운 영원

안개는 산수화 화폭마다 젖어 있었지
자운영 진분홍 논이랑을 걸어가면
지난겨울 폭설에 그랬을까
물레방앗간 초가 이엉이 삭은 굴 껍데기처럼 엎드려 있었지
동네 늙은이 두엇 삽을 들고서 수런수런 멀어가는 빈 들 끝에서
봄날은 작년처럼 재작년처럼 언제나 옛날처럼 오고 있었지
지평선을 비집고 가물가물 풀물을 번지면서 오고 있었지

해마다 봄은 와도 나는 아직 어렸다
나는 지닌 것이 없고 나는 천지간에 모르는 것뿐이고
그리고 나는 세상 물정에 어두웠다
그러나 나는 가당치 않게도 고독해지기 시작하였다
나는 내가 고독해지기 시작하던 그 어느 날 미명을 잊지 못한다
누가 내 눈에 포도주를 채웠는지
취기 같은 슬픔으로 움트던 고독

나는 고독 때문에 그리움을 배웠다, 그리움은 나의 스승
나는 그리움 때문에 나를 간수하였다, 그리움은 나의 파수꾼
나는 그리움 때문에 목을 늘였다
나는 그리움 때문에 살아남았다
나는 그리움이 무엇인지 모르면서 그저 슬픔이겠거니,
별이겠거니, 영원이겠거니, 생각하기로 하였다

아, 정말 그런 것도 같아라, 그리움은 나의 영원이었다
말해다오, 원하노니
우리들의 절정은 지금이 아니라고
흐르는 갈바람에 헹구어다가
눈부신 내일의 오정 부챗살 위에
회심의 낮달처럼 걸어 두었다고
아직 나는 그날을 기다리며 산다고

안녕하십니까

안녕하십니까?
우리는 만나면 이것부터 묻는다
상수리나무 가을 숲은
떨어지는 열매들을 떨어뜨리고
지난밤 그 숲에서 노숙한 새들도
수연히, 탈 없이 다시 날아오를 때

그렇습니다
우리도 이만하면 안녕한 편입니다
이 안녕, 별 탈 없음이
죄 지은 듯 불편하고 미안한 아침
유행하는 감기라도 앓고 싶은 아침
고요 속 번지는 눈물 같은 생각으로
나는 내게 다시 묻는다
진실로 너는 지금 안녕한가고
가슴 골 파고드는 노여움은 없는가고
혹시라도 누가 손가락질로

칼보다 아프게 너를 겨냥할
부끄러움, 후회는 없었는가고

어제와 같은 것이 오늘은 없어
정지해 있는 것은 아무것도 없어
안녕히
부디 안녕히
엎드려 신발 끈을 조이는 아침

가고 싶은 나라들

지도를 펴면 가고 싶은 나라들
나는 어디론가 떠나고 싶었다
멀고 먼 타관의 플랫폼에는
늦가을 바람이 낙엽을 쓸고
일박 여인숙에 짐을 푼 저녁
입간판이 서 있는 허름한 식당에서
나는 신발 끈을 풀고 싶었다
내 인생의 한 소절 점을 찍듯이
비망록에 몇 줄 주소를 적고
두 손바닥 펴서 덮을 수 있는
무지개 빛깔의 세계지도 속
점으로 찍힌 이름난 곳에서
새로 딛는 땅마다 설레는 낯설음
나의 외로움이여
이방의 꽃처럼 향기로울 것을

적막을 위하여

나는 그래도 호사스러운 편이다
이만큼 자주 적막할 수 있는 것은
이만큼 자주 적막하다고
일을 삼아 적막을 노래할 수 있는 것은
어제보다 낮아진 먼 산의 키를 재며
나는 아무런 불평도 없이
내 그림자 내가 밟고 홀로 서 있다
나는 바로 지금 적막한가 보다
이 적막함이여, 참으로 외람되다
이 적막함이여, 미안하다, 미안하다
약을 달이듯 흰 물을 끓인다
물은 아득한 시원의 적막으로부터 와서
나를 물들이겠지
내 적막은 이대로 눈부시겠지
모처럼 나를 위해 슬퍼해도 되겠지
화려하여라, 화려하여라
눈물이 나겠지

오래된 얼굴

해거름 서쪽 하늘을 바라보고 있노라면
서둘러 귀가하는 나귀 방울 소리 들린다
별들은 제 몸을 부수어서 쪽빛 강에 붓고
추연히 젖어 있는 저녁 산자락
이제 후회하는가
노을 비낀 서쪽 산을 바라보고 있노라면
지금 떠나도 도착할 수 없는 곳
걸어 걸어 찾아가는 지름길이 보인다
길가에는 김을 매 둔 두어 이랑 텃밭과
솥단지 걸었던 유년의 각시풀들
남포불 낮게 켜단 창문에서는
그 하루 빗금을 달력에 긋고
식구들은 저녁상에 둘러앉아 있겠지
아프게 바라보는 오래된 얼굴
가까이 더 가까이
그리워라, 심지를 돋아 올리겠지

이런 날 이런 때는

내 속 안창에
귀신도 눈치 못챌 후미진 곳에
있는 듯이 없는 듯이
지등 하나 불 켜 있다
콩기름 등잔불에 심지를 돋우면
뿌옇게 파득이는 불새 한 마리
내 속 깊은 안창
바람 안타는 곳에
평생에 한 번이나 울까 말까 한
불새 한 마리 살고 있다
미루나무 구름 걸린 높은 꼭대기
바장이지 말거라
때를 기다려 피를 참는 새 울음
오늘처럼 하늘이 끈끈한 날은
늙은 나무 송진처럼 깊게 깔린다
이런 날 이런 때에는
큰북 한 번 치고 싶다

낮은 음악 나무 북을
천둥 한 번 울고 싶다

아름다운 목소리로 후회하고 싶었다

단감나무 서너 그루 삼신처럼 심어 놓고
마른 풀 향기로운 띠집이 한 채
까치 떼 모여드는 고목나무처럼
나도 점잖게 나이 들고 싶었다
허드레 우물 지나서 미나리 방죽 지나서
나지막한 굴뚝, 파묻히는 흙담 밑에
어디서 누가 나를 부르나
물살 위어 흔들리는 추억 같은 무늬
외풍 없는 남향의 외할먼네 마당에
옛날처럼 내가 돌아와 서면
내 탯줄 살라서 둔어둔 산이
턱밑에 닿긴 듯 가까웠다
푸르른 연기가 몸을 뒤틀어
아슴한 바람벽을 훑고 가는 저녁
나는 너무 오래 헤매었구나
두 무릎 사이에 얼굴을 묻고
아름다운 목소리로 후회하고 싶었다

3부

집으로 간다

불을 당겨서

밤이 어둡다고 눈까지 감지는 말 일
부디 그러지 말 일
잠들지 못하면서 눕지는 말 일
억울해도 그냥 참고
죽지는 말 일

그럴수록 두 눈에 기름을 채워
등피 닦아 심지에 불을 당겨서
일어나서 앉을 일
일어나서 걸을 일

지금이 몇 시인가 궁금하지 말 일
새벽이건 오밤중이건 마찬가지다
구들장 밑으로는 지하수가 지나가고
지붕 위로는 별이 빛나서
어디선가 소리 죽여 흐느끼는 소리
죽지 않고 살아 있기

잘한 일이다

잠들지 말 일
불을 밝힐 일
제 그림자 밟고서 팔짱을 끼면
철학을 밭갈 듯이 걸을 일이다
백리건 천리건 걸을 일이다

진실하게 말하려면 눈물이 나온다

어제는 타관에서 아들이 다녀갔고
오늘 아침 눈을 뜨자 전화로 물었다
잘 도착했느냐, 너를 만난 어제가 꿈속 같구나
그까짓 말을 하는데도 눈물이 나왔다
세상만사 그중에도 사랑하는 일이여,
그러나 전화니까
내가 우나 어쩌나 그 앤 몰랐을 거다
출근하여, 벌써 한 달째나
앓아누웠다는 친구 소식을 들었다
그만하기 얼마나 다행이냐고
이러다가 죽어도 모를 거라고
그까짓 말을 하는데도 눈물이 또 나왔다
축복이여, 이 세상 도처에 다행스런 일들이여,
그러나 전화니까
내가 우나 어쩌나 그는 몰랐을 거다
나는 요새 병신처럼 잘 운다
진실하게 말하려면 눈물이 나온다

아지랑이처럼 살아요

그래도 가끔은 내 생각도 하면서
더러는 이 근처를 지나기도 하겠지요
달빛 떠나 헹궈서 가라앉은 웃음으로
아지랑이처럼 살아요, 나는
예전의 불길은 그운 재로 덮어서
예전의 원망은 물살에 흘려
아지랑이처럼 가물거려요
아지랑이처럼 끄덕거려요
세월이란 무서워요
세월 덕분이지요
아지랑이처럼
아지랑이처럼
내가 살아요

누가 울고 있나 보다

어디선가 근처에서
누가 울고 있나보다
먼 바다 파도처럼 부서지나보다
여윈 어깨 출렁이며 애 끓이나보다
어디선가 근처에서
누가 헤매나보다
봄 가뭄에 타들어도
진달래 물오르더니
나 모르게 빈 산에서
피 뿌리고 섰나보다
그립다는 내 말을
엿들었나보다
그 눈에 눈물 어려
손발 이리 시린가
동인지 서인지 그대 향해 서 있다
눈 감고 아스라이 향해 서 있다

나는 얼마나 그림 같은지

이렇게 쉬이 뒤돌아다 볼 줄 알았더라면
슬퍼하지 않아도 될 걸 그랬다
가라앉은 가을 강 수정 같은 마음으로
'추억이야'
말할 수 있는 날이
이토록 쉬이 올 줄 알았더라면
바장이지 않아도 되었을 것을
지금 이름 높이 부를
빛나는 눈물 있어
나 가난하지 않고
지금 내려놓을 무거운 멍에 있어
나는 얼마나 그림 같은지
나는 얼마나 아름다운지
이렇게 달빛 우러러 살 줄 알았더라면
눈앞 캄캄하지 않았을 것을
강물에 무심히 잎새 하나 띄우듯
추억 하나 노래처럼 띄워 보낸다

추억이란 말에서는

추억이라는 말에서는
낙엽 마르는 냄새가 난다
가을 청무우밭 지나서
상수리숲 바스락 소리 지나서
추억이라는 말에서는
오소소 흔들리는
억새풀 얘기가 들린다
추억이란
영영 돌아오지 않는다는 말
그래서 마냥 그립다는 말이다
지나간 일이여
지나가서 남은 것이 없는 일이여
노을은 가슴 속 애물처럼 타오르고
저녁 들판 낮게 깔린 밥 짓는 연기
추억이라는 말에는
열 손가락 찡한 이슬이 묻어 있다

마른 꽃다발

눈물이란 눈물은 죄다 걸러서
시렁 위에는 마른 꽃다발
회상하는 사랑은 눈이 부셔라
짧은 목숨 즙을 짜서
한 생애 꽃이었으면 그뿐
더 슬픈 영광을 어찌 바라랴
갯나루 소금처럼
너럭바위 청태처럼
저녁 들판 연기처럼
아득한 증언
시렁 위에는
지나간 가을부터 다시 가을로
끝없이 유전할 마른 꽃다발

나는 얼마 동안

나는 얼마 동안 침묵하기로 하였다
벌 쏜 듯이 헤집어서 떠돌아다니다가
푹 삭아들기로, 죽은 듯이 잦아들기로
가슴에 접어두기로, 속 깊이 담아두기로
나는 얼마 동안 없어지기로 하였다
더러는 잊어버리기로 하였다
모자라도 넘어가기로
그러려니 하기로
나는 얼마 동안
아무것도 모르기로 하였다

집으로 간다

식구들이 모두 돌아왔을까
이젠 오늘을 마감해도 좋은가
아침마다 가출했다가
저녁마다 참회하듯 다시 돌아와
떨리는 손가락으로 초인종을 누른다
집은 내 열등한 발목
발목을 잡아끄는 동아줄
사막과 얼음산과 가시덩굴을 넘어
이리와 승냥이와 여우 굴을 지나
나 돌아왔노라
시리고 아픈 이튼 가족이여
이렇게 돌아올 집이 있노라
저녁 식탁엔 눈물이 안개처럼 자욱하고
그러나 우린 다시 내일의 가출을 음모하면서
각각 제 방으로 타인들처럼 흩어졌다

손을 잡았다

그의 고백이 까닭없이 슬퍼서
두 무릎 사이에 얼굴을 묻었다
지는 꽃잎이 파르르
내 어깨 위에서 진저리를 쳤다
사랑이란 슬픔 외에 아무 것도 아니구나
그런 말은 끝끝내 품고 있다가
죽어서나 무덤에 묻는 거라고
있는 힘 다 모아 울먹이었다
무릎 사이 두 손으로 얼굴 가리고
그가 망설이며 내 손을 잡았다

아지랑이가 있는 집

집에는 내 부끄러운 풍속이 있다
밥통 같은, 간장종지 같은, 요강단지 같은
집에는 부스러진 내 비늘이 있다
머리카락 같은, 손톱 같은, 살비듬 같은
집에는 내 아지랑이가 있다
빨주노초파남보 세어 보는 색깔
집에는 슬픈 껍데기 얼룩진 콧물
그보다 치사한 인정이 있다
집에는 내 냄새가, 고집이 있다
앉아서 돌이 되는 집념이 있다

어쩌다 나 같은 것이

어쩌다 나 같은 것이
당신을 만나게 되었는지요
어떤 손이 나를 끌어 당신 앞에 세우고
차마 눈부셔 마주 볼 수도 없는
당신의 부르심에
귀를 열게 했는지요
나는 그것이 참 궁금합니다

수많은 만남과 수많은 이별
수많은 그리움과 수많은 슬픔
그 가운데 문득 기별처럼 오신 당신
어떤 손이 당신의 소망 앞에
시든 잡초 같은 나를 일으켜
사모하라
사랑하라
죽도록 사랑하라
나를 흔들어 깨웠는지요

내가 어쩌다가 당신을 만났는지요
해 아래 풍성한 감람 그늘 아래로
어둔 밤엔 희고 맑은 달빛 아래로
마른 땅을 골라 딛고 걸어가게 하시는
당신의 힘찬 부르심
고요한 침묵
어쩌다 나 같은 것이
당신을 사랑하게 되었는지요

자족하기

이만하면 되었습니다
아름다운 날씨에 하늘빛을 즐기고
바삐 뛰어다닐 두 다리도 있습니다
저녁이면 돌아갈 집이 있고
돌아가서 먹을 저녁밥도 있습니다
기다릴 가족이 있고
머리 숙여 간구할 소원도 있으며
소원을 풀어달란 속 깊은 눈물
없는 것 없습니다, 나는 다 있습니다
더러는 원망도 미움이다가
뜨거운 용서와 아픈 후회와
겨운 정에 흐느끼는 강물 같은 가슴
때때로 궁핍으로 날 단련하시고
거기서 강건한 힘도 주시니
아무 불평 없습니다, 다 압니다
쓰러지는 움막에선 흙냄새를 사랑하고
샨데리야 천정 아래 현금을 켜게 하는

아, 크신 은총이여
이만하면 되었습니다

그것이 걱정입니다

짓밟히는 것이
짓밟는 것보다 아름답다면
망설이지 않고 그렇게 하겠습니다
피흐르는 상처를 들여다보며
흐르는 내 피를 허락하겠습니다
상처 속 흔들리는 가느다란 그림자
그 사람의 깃발을 사랑하겠습니다
천년 후에 그것이 꽃으로 핀다면
나는 하겠습니다
날마다 사는 일이 후회
날마다 사는 일이 허물
날마다 사는 일이 연습입니다
이렇게 구겨지고 벌집 쑤신 가슴으로
당신에게 돌아갈 수 있을는지 몰라
나는 그것이 제일 걱정입니다

오래된 슬픔 하나

오래된 술이 향기롭다는 말 향기롭다
오래된 친구가 편하다는 말 참 편하다
그게 보통 일인가, 참아야 되는
그게 쉬운 일인가, 기다려야 하는
오래오래 아프고 오래오래 굶어서
오래오래 까마득히 몰라야 하는

너냐 내냐 잊어버려 검은 땅에 묻고
너냐 내냐 귀 막고 어지럼증에 떠서
둘 중에 하나가 죽어버리든지
둘 중에 하나가 손들고 나가
아니요, 납니다 자수를 하든지
엄동설한 맨발로 굶어가든지
그렇게 사그라져 돌아나야 하는
그랬다가 느닷없이 복받쳐야 하는
복받쳐 통곡하다 뚝 그쳐야 하는
그러기를 천만 번씩 다시 해야 하는

오래되어 빛바랜 희망이 하나
오래되어 보석이 된 슬픔 하나 있다

능소화 편지

등잔불 켜지듯이 능소화는 피고
꽃 지는 그늘에서
꽃빛깔이 고와서 울던 친구는 가고 없다
우기지 말 것을
싸웠어도 내가 먼저 말을 걸 것을
여름이 익어갈수록 후회가 깊어
장마 빗소리는 능소화 울타리 아래
연기처럼 자욱하다
텃밭의 상추 이운 녹아 버리고
떨어진 꽃빛깔도 희미해지겠구나
탈없이 살고 있는지 몰라
여름 그늘 울울한데
능소화 필 때마다 어김없이 그는 오고
흘러가면 그뿐 돌아오지 않는단 말
강물이야 그러겠지
나는 믿지 않는다

나는 슬프다

'진실입니다'라고 말할 때
내 몸은 산대나무 숲처럼 가늘게 흔들린다
그렇게 말할 때마다
넓은 바다 푸른 물너울에 잠기는 듯
나는 진저리를 친다
숨어 있는 거짓은 죽어 버려라
껍데기와 덤불과
음흉한 그림자는 꺼져 버려라

'참, 아름다워요'라고 말할 때 나는
그 맑은 푸르름에 가슴이 탄다
세상의 눈물이란 눈물
세상의 순전한 것이란 모두
우, 우, 우 손을 잡고 일어서는 소리
일어서서 나를 무동 태우고
그래요, 맞아요, 갈채하는 소리

그것이 살아서 마지막 말인 듯이 하리
혼자라도 헤프지 맹세하지 않으리
꽃비 속에 넋이 나가 길을 잃을지라도
헤매지 않으리, 경경같이 걸어가리

'슬퍼요'라고 말할 때
나는 추운 듯, 배고픈 듯
외로운 듯
혼을 실처럼 뽑아서 사르는 것같이
조금씩 어지럽다
나는 정말 슬프다

봄 바다 파도처럼

지금 생각하면 그럴 일도 아니건만
내가 그때 왜 그랬나 알 수가 없다
평생을 의지하며 살자던 그 말이
등짐 나눠지고서 함께 가잔 그 말이
하도 붉어서
하도 진해서
좁은 어깨 오그려서 얼굴을 파묻고
봄 바다 파도처럼 흐느끼며 울었다
그대로 가라앉아 없어지고 싶었다
내가 그 때 어리석게 울지만 않았어도
세상은 전혀 딴판이 되었을 걸
내가 그때 왜 그랬나 까닭을 모르겠다

벼랑의 나무

벼랑의 나무는 벼랑에 서 있음을 아나 보다
생살처럼 불거진 황토 흙 벼랑 위에
밤낮없이 고개 치켜 무너지는 소리
벼랑의 나무는 벼랑을 아나 보다
고된 발돋움과 어지러움과 뼈저린 외로움을
벼랑인 줄 앎으로 높은 꿈을 꾸나 보다
평지의 나무보다 간절하게 몸 흔들어
떠나는 것들의 이름을 불러쌓고
평지에선 엄두도 못낼
슬픈 회임과 거룩한 결실
뼈가 조심조심 살을 다스리듯이
뿌리는 서로 얽혀 흙을 안아 올리고
벼랑의 나무는 벼랑인 줄 앎으로
절대로 추락할 수 없는가 보다

군불을 때며

삼태기 그득 식은 재를 퍼내고
아궁이 앞에 낮게 앉으니
아득하다
성냥불 그어서 군불 지펴본 지 언젠지
역풍에 밀리는 연푸른 연기
참나무 장작이 덜 말라서
매캐한 그 연기에 울어본 게 언젠지
송진내 방고래가 터지게 두고
구들에 등 붙이고 달을 내다볼거나
불에 되쐰 흰달이 상기한 얼굴로
아리한 어지럼증 휘말려 들지라도
풀무질에 맵겨 타는 소리 들어본 지 오래다
오래된 것은 하나씩 잊혀지고
새로 나온 것들은 낯이 설어서
너풀너풀 끄름이 기어나오는
아궁이 앞에 퍼버리고 앉아
공연한 일로 시간을 죽여본 지 오래다

4부

혼자 불을 켤 때

지금 수양하고 있습니다

어머니, 그간 별고 없으신지요
진지는 탈 없이 드시는지요
저는 꼭두새벽 눈 뜨면 밥을 먹고 나갔다가
저녁마다 돌아와서 밥을 다시 먹습니다

한끼라도 굶으면 큰일이 나나 정신을 차리고 삽니다
밥에 인이 박였나
걸신이 들었나
엊저녁 허리 풀고 포식을 했는데도
날 새면 멀쩡하게 배가 비어 있습니다

하루 세끼 밥 때문에 도둑질도 하고
밥이 원수야 원수라면서
가는 개비 슬픈 목을 매달기도 하지만
비워야 맑아진다
떠나야만 그립다
어머니, 저는 지금 공부하고 있습니다

배고파도 비굴하게 엎드리지 않으려고
배불러도 짐승처럼 타락하지 않으려고
어머니 저는 지금 수양하고 있습니다
배가 고플까 봐
그러다가 나 모르게 배가 부를까 봐
저는 지금 조심조심 훈련하고 있습니다

행복은 어렵지 않다

행복은 어렵지 않다
들떠오른 대낮이 짚재처럼 가라앉고
어두운 골목 질컥이는 길로
돌아올 사람들이 돌아온 저녁
가슴에 손을 얹고 나는 행복하다
땡삐 떼 그 속을 용케 지나서
계절풍에 날아온 그림엽서 한 장
마구 그립다고 박아 쓴 글씨
옛 친구의 목소리가 눈물겹게 행복하다
벚꽃이 희게 지던 봄밤
젊음과 꿈밖에는 가진 것이 없다면서
사·랑·해
그 사람이 여윈 손을 내밀었을 때
나는 다만 울고 싶었다
혹은 미안함
혹은 고마움
행복은 날마다 몇 번씩 온다

자리에 누워 눈을 감으면
행복이 그렇게 어려운 건 아니다

안부만 묻습니다

안부만 묻습니다
나는 그냥 그렇습니다
가신 뒤엔 자주자주 안개 밀리고
풀벌레 자욱하게 잠기기도 하면서
귀먹고 눈멀어 여기 잘 있습니다
나는 왜 울음을 꽈리라도 불어서
풀리든지 맺히든지 말을 못하나
흐르는 것은 그냥 흐르게 두고
나 그냥 여기 있습니다
염치가 없습니다
드리고 싶은 말씀 재처럼 삭아
모두 없어지기 전에 편지라도 씁니다
날마다 해가 뜨고 날짜가 지나
그 언젠지 만나질까요
그때까지 여전히
안녕히 계십시오

꽃차를 마시며

꽃차를 마신다
목숨의 한 가운데 정수리를 따서
연꽃 송이 우리어 향내에 갇힌다
찻집의 커다란 창유리에는
이른 봄 는개가 낮게 깊게 흐느끼고
새로 생긴 가슴앓이 숨을 한참 고른 후
사기 잔 적막 속에 차를 따른다
이제 나 이렇게 막바지에 왔는가
얼린 꽃 녹여서 향이나 우려
아무렇지 않게
꽃차를 마시다니
눈 감으면 원도 없지, 무얼 또 바라랴만
나는 또 죄 하나를 쌓고 있는가

아주 그윽하게

나는 그윽해져서 강아지풀을 뽑았다
어제보다도 그제보다도 훨씬 그윽해져서
땅을 보고 엎드렸다

그림 속 달무리처럼 시름 번져서
수수목을 꺾듯이
볏단을 거두듯이
강아지풀 은종처럼 찰랑거리는
종소리를 치마폭에 감 싸 받았다
햇살이 칼 빛처럼 번쩍거리는 날이면
마른 풀밭 강아지풀만 유난하여서
그렇다고 맞는다고 살랑거린다
아니라고 틀렸다고 외롭게 한다
어느 날 그렇지, 나도 결심해야지
강아지풀처럼 고개 끄덕이면서
강아지풀처럼 머리를 저으면서
그윽하게
아주 그윽하게

포도주를 담그는 날

흰 무명 행주 짜서 물기를 닦고
항아리 뚜껑을 덮었습니다
송두리째 잊어버리게 하십시오
해 아래 살던 날의 영광과 수모
목숨을 바쳤던 수백 날의 사랑
뿌리와 이름을 잊어버리게
으깨어진 이마 홍수에 흘러
어둠 속에 파묻혀 죽을 때까지
죽음보다 지독한 외로움에 잠겨서
비몽사몽 향기로 헤맬 때까지
취기만 건지고 버리게 하십시오
저승처럼 몽땅 잊어버린 후
오도 가도 못하는 벼랑 끝에서
지등처럼 나는 흔들리겠습니다

그날부터

꽃가루 같은 시간들은 날아갔다
혼몽에서 깨어나듯 눈을 떴을 때
사람들은 이제야 정신이 들었나 보라고 말했다
손가락 작두날에 얹어서
결심하기로 했을 때
나 다시는 그리워하지 않기로
마음 고쳐먹었을 때
바람은 사방에서 울먹이고
웅크렸다 터지듯이 몰려오는 물살
그 파경의, 몰각의 폐허에서
비인 창고처럼 전신이 덜컹거리고
헤적이는 물풀처럼 어지러웠다
백 번 어리석을지라도 좋아
인사불성의 취중이면 어떠랴
돌아갈 길은 없는가
살아온 날들이 아무것도 아니었다

견딜 수가 없다

꽃다발을 안겨 준 후 악수를 하고
만족한 웃음으로 돌아서는 누구인가
아찔한 현기증에 쓰러질 것 같다
'축하합니다'
불타는 울음을 나뭇단 묶듯 다발지어서
어찌 날더러 견디라는 것인가
꽃은 이미 절정도 영광도 지나
내 손에서 마지막 절규를 하고
증거를 남기려는 듯
우리는 웃으면서 사진까지 찍었다

뒷모습을 보이면서 하객들이 돌아간 후
꽃이여, 공활한 천지에 우리 둘만 남았다
남루한 내 가슴에 쓰러진 너를
떨리는 두 팔로 들어 올리면
겨우 내게 오려고 그리하였는가
자다가도 나는 문득 깨어서

세상에 다시없는 붉은 진혼곡
한 생명과 그 꿈의 종착을
수상한 밤을 지킬 것이지만
진정 내게 오려고 그리 흥건하였는가
너의 희망 그 지엄한 무게를
나는 지금 도저히 견딜 수가 없다

한강 큰 다리 아래서

서울이 어딘가도 모르고 왔을 때
흑석동 친구 집에 얹혀 지낼 때
아침에 한 번 저녁에 다시 한 번 한강을 건넜다
강을 건너노라면 마치 거룩한 어떤 손이 나를 이끄는 것처럼
가슴이 이상하게 두근거려서
나는 아침저녁 세례를 받으면서 한강을 넘나들었다
한강 모래밭에서 삶은 달걀 껍데기를 벗기면서
친구가 말했다
"나 곧 이민 가—"
바람이 불었다, 모래가 날렸다
'이민?' 나는 겨우 그렇게 물었다
노량진에서 용산으로 한강을 가로지르는
한강대교 위로 뒤뚱거리면서 버스들이 지나가고
시간이 지나가고 우리들의 언약이 지나가고
정지해 있는 것은 하나도 없었다
한강을 잇는 다리가 이제는 스무 개도 넘는다는데

친구가 돌아오면 나는 꼭 옛날 거기서 만날 것이다
흑석동 초입 거기 가본 지도 오래 되었다
끼어 앉을 모래밭이나 남았는지 모르겠다

어느 먼 곳을 기다리는 시간

마을버스 정류장에 앉아서 마을버스를 기다린다
나는 언제나 오지 않는 것만 기다린다
지나가는 버스들은 제각기 행선지가 확실하여
질주하는 기운 과단하다
그동안 몰랐던 동네의 이름들
저들을 잡아타고 종점까지 가야지
을씨년스런 바람은 휴지조각을 쓸고
휘발유 냄새 풍기는 모퉁이에서
애가 타다 억눌린 검은 피처럼
자판기 커피는 내리다가 엉기겠지
내 가슴 어리석은 근심과 욕심
허망한 세상에 불을 켜듯이
마을버스 정류장 의자에 앉아
어느 먼 곳을 생각하는 시간
모르는 동네를 꿈꾸는 시간
희망이 갈수록 아름답다 할지라도
기다리는 차가 오지 않을 것 같은

먼 곳을 생각하는
아득한 시간

혼자 불을 켤 때

자다가 눈을 뜨는 일이 잦아졌다
때로는 꿈결 같다가 때로는 개벽 같다
아무도 모르게 일어나 혼자 불을 켤 때
내 몸의 피를 모은 심지 끝에서
떠돌다 온 혼령이 출렁거리는 바다
느닷없이 한밤에 잠을 깨어
선 채로 아침을 맞는 일이 잦아졌다
어두운 밤을 지켰다는 자랑
몽매한 어둠을 관통하여
수정 같은 내일을 열고
알 수 없는 시간을 예약하는
아주 특별한 사람이 된 것 같은 자랑
새벽은 쪽빛이고
먼동은 붉어서 눈부시더라
잠이야 쇠털같이 허구한 날 아니냐
그렇게 말해야지
다른 사람들은 알 수 없을 것이다

팔짱을 끼고 마루를 서성이는
타오르는 불빛처럼
솟는 내 모습

물푸레나무 혹은 너도밤나무

여러 가지가 함께 좋을 때
그러나 꼭 하나만 골라야 한다고 할 때
나는 '물푸레나무 혹은 너도밤나무'라고 한다
꼭 하나만 골라야 하므로 무수한 것을 외면해야 할 때
두 길을 동시에 갈 수 없으므로 어중간한 자리에서 길을 잃을 때
나는 '물푸레나무 혹은 너도밤나무'라고 한다
하나의 길을 걸어서 인생을 시작하는 일
한 사람과 눈을 맞춰 살아가는 일
그리하여 세상이 허망하게 달라지는 일
눈 감고 벼랑에 서는 일 두려워 나는
'물푸레나무 혹은 너도밤나무'라고 한다
여럿 가운데 하나만 남겨두고 모두 죽여야 하는 때
물푸레나무 혹은 너도밤나무 길고 낯선 이름
더듬거리는 나를 웃으려는가
잘라낼 수 없는
몰아낼 수 없는

돌아서 등질 수 없는 아픔을
지조 없다 하려는가

물푸레나무 혹은 너도밤나무
나 끝끝내 너 하나를 버리지 않아
이제는 안심하고 잠들 수 있겠다

맹물

나를 물로 보는 사람이 있어 그나마 다행이다
나를 가끔 맹둘로 보고 물봉으로 보고 물컹이로 취급하는 사람이 있어
나, 이만큼이라도 살아남았다
맹물로 본다는 것은 한 마디로 우습게 깔본다는 것이지만 그야 어떠랴 괜찮다
물로 보는 한 나는 순하게 풀려서 흐를 것이고
눅진하고 은밀한 데서 빛을 기다리는 이무기처럼
하늘에 닿을 꿈도 꿀 수 있겠지
오르다 곤두박질쳐 다시 물이 되더라도 걱정할 건 없다
나는 돌아와 저 마른 땅을 무욕의 실핏줄로 어루만지리
맹물로 적시리
나는 지금 자랑으로 가슴이 터진다
물봉이라도 무방한 일, 흰 깃발 두 팔에 펄럭이면서
아무데서나 나를 봉헌할 것인즉
세상은 비로소 나를 부르리
밤낮으로 나를 찾아 부리리

내 생애 소원하던 그대로 나는 넉넉하고 따뜻할 것이다 물불을 가려 편을 가를 때 나를 물이라 하니 천만 번 다행이다

냉수를 마시며

눈뜨자마자 냉수 한 컵을 마신다
심산유곡 산삼 뿌리를 적시고 기암절벽도 뛰어내린
냉장고 안에서 금강석처럼 반짝이는 물
생수 한 컵을 들이켰다
길고 긴 그의 이력이 내 몸의 보약으로 스미는 동안
밤새도록 참았던 오줌을 누웠다
오장육보 굽이굽이 손톱 밑까지
어제까지 생수였던 배설의 폐수
몰아내었다
오줌은 하수의 시궁창을 지나 혼돈을 뚫으며
한때는 위풍당당한 생수였음을 까맣게 잊을 것이다
잘 가거라, 빛나던 날의 짧은 영광
잘 있거라, 못다 푼 사랑의 길고 긴 그림자
아침마다 눈을 뜨면 냉수 한 컵을 마신다
물길 따라 나도 산천을 순례한다
넘치는 구정물과 흘접쓰레기 쫓겨나는 것들의 뒤를 따라서

한 오백 년 엎드려 기다릴거나
그러다가 무지개로 떠오를 거나
아침마다 은혜의 이슬을 마시며
무엇이 되어 돌아올까 허튼 꿈에 잠긴다

당신 덕분에

우리들은 헤어지며 악수를 나누었다
아주까리 잎사귀 같은 정교한 손을
희고 고른 이를 드러내면서
오래된 버릇으로 잡고 흔들었다
만날 때 그랬듯이
오래된 버릇은 얼마나 다행인가

별고 없었는지,
천근같은 몸은 어떤지를 물었다
'염려 덕분에요'
유장한 물길처럼 흘러가면서 나는 궁구하였다
내 안녕의 근원, 그 출처와 까닭은
지금 내 손을 흔들고 있는 바로 그의 덕분이라는 생각
만나면 무심히 안부를 물었던 사람들
그 하나하나의 지극한 눈빛들
정말로 당신의 덕이구나, 당신들의 덕이구나
송곳처럼 눈을 한 곳에 박고서 줄달음치면서

줄달음치면서 넘어지지 않은 것은 당신의 덕이구나
밤의 골목에 외등이 켜지고 눈앞이 환해졌다
우리는 서둘러 서로서로 덕분임을 강조하였다
아무 걱정도 없었다
까닭 없이 울컥하였다

상수리나무 떡갈나무 쥐똥나무들

숲길에 서면 나를 헐어 바친다는 것이 므엇인가
애초의 곳으로 되돌린다는 게 무엇인가 저절로 알게 된다
제풀에 흩날리는 잎사귀들을 보면
쓰다 막힌 유서의 절정, 그 마무리를 알게 된다
떡갈나무 상수리나무 쥐똥나무들
잎이 지는 가을 나무들은 여름내 흔들던 두 팔을 내리고
바라는 것 없이 원망하는 것 없이
유순하게 은퇴를 서두른다
햇살은 금실처럼 흘러서 막혔던 물길을 트고
산맥은 산맥과 먼 바다 물결은 물결들끼리
구름은 제풀에 맺었다가 풀리면서
우리가 떠날 때 지녀야 할 것을 일러준다
돌아설 때 돌아서서 잊어버리더라도
이런 때 부를 이름 하나는 남겨둘 걸 그랬다
상수리나무 떡갈나무 쥐똥나무처럼
회상으로 풀어내는 목이 마른 고백
숲길을 걷노라면 나는 한 마리 흰 새처럼 씻겨서

마음 가볍게 마른 잎 향기를 맡을 수 있다
상수리나무 떡갈나무 쥐똥나무들

익숙한 밤

밤이 친근한 이웃처럼 왔습니다
그는 이미 손님이 아닙니다
잘 익은 포도의 취기를 몰고서
날더러 두렵지 않게 잠기기를 권하는
잠겨서 잊을 것은 잊고 버릴 것은 버리라고
집요하고 거대한 밤
나는 이미 몽매한 순종을 결심했습니다
이불을 턱밑까지 끌어당기면서 진저리를 치면서
얼마나 다행인가
온 하루, 휘청대던 시간을 감추고 뻗은 발아래 출렁대는
푸른 바다 같은 슬픔을 덮어버리기로 했습니다
날마다 결산을 하듯이 밤이 와서
질컥이는 이랑 속으로 나를 휩쓸고 덧없는 열정과 후회
승산 없는 욕망을 내리게 하는 것은 다행입니다
날이 새면 나는 오리발을 내밀 듯이 일어날 것입니다
망각의 물살이 휩쓸고 지나간 폐허에서
소생한 낯빛으로 일어날 것입니다

행여 오늘을 되돌려 캐물으면
아득한 전생처럼 추억하게 될는지도 모르지요
밤이 나를 더는 후퇴할 수 없는 천 길 바닥으로 끌어내립니다
아주 익숙하고 편안한 타락입니다
하지만 나는 여전히 내일 아침 솟는 해를 조바심하면서
의심하면서 간절한 마음으로 눈을 감습니다

천천히 피를 다스려

앞산의 안색이 며칠 새 핼쑥하다
혹시라도 나 때문에 병이 더 깊어질까 얼른 외면하였다
만나는 사람마다 건강을 묻는다
이젠 내게 아무도 불과 같은 연애를 묻지 않는다
저들이 짜고서
울렁거리는 그 미망의 초원에서 나를 밀어내려나 보다
여름내 욕망에 뒤척이던 나무들은
아직 과거완료로 그들의 사랑을 추억하지 않고
나는 천천히 피를 다스려 미루던 꿈을 괄호 속에 묶는다
저 가을 나무들의 믿지 못할 손을 잡고
우리가 맨 처음 떠나왔던 자리로 돌아가려고 한다

사죄

모두 내 잘못이야,
그의 목소리가 잠겨 있었다
흐르다 멈춘 개울물같이
미안해, 용서해 줘,
아무것도 겨냥하지 않은 그의 눈길이
대기 속에 가득 차오르는 동안
나는 차라리 그 자리에 주저앉아
없어지고 싶었다
내가 먼저 사죄할 걸,
그가 잘못하지 않았음은 세상이 다 알 것이다
나를 대신 빌고 있는 그의 머리 위에
합창처럼 쏟아지는 저녁노을 목울음
모든 것은 때가 있음을 배웠는데도
나는 이미 시간을 놓쳤다

임피역

임피臨陂역에서 내려
바람이 잠시 숨 고르며 가슴을 쓸어내리는 언덕에
내 어머니가 셋집을 지어 들었다
만고풍상에 할 일을 마친 후
이제 쉬겠다며 임피로 간 어머니는
작은 망루의 파수꾼처럼
임피역을 바라브며 말동무가 되었다

장항선을 타고 천안에서 남포,
남포 지나 서천,
서천에서 다시 익산으로 가다가
임피에서 내리건 군산이 가까워서
군산시 임피면 술산리 임피역
이제 더는 기차가 정거하지 않는 거기

아흔 세 살 어머니가 기운이 쇠진하여 세상과 하직했듯이
임피역도 아흔 살 천수를 누리었는가

젊어서는 만경평야 쌀을 실어 나르고
아침저녁 통근열차 바쁘기도 하더니
돌아보면 궂은일도 아름다웠다고
지평선 노을 같은 추억을 나르는가
그래도 임피역은 아직도 임피역
어머니를 만나러 가는 애잔한 발길로
오목가슴 누르며 임피역을 지나간다

울어야 아가야

아가야 울어라, 아직 세상물정 모를 때 터져 나오는 대로 울 수 있을 때
울어라 아가야, 마음 놓고 울어라, 울고 싶어도 울어서는 안 되는 세상이 곧 온단다
울어라, 태어남을 울고 네 까닭을 울어라
차고 저린 장소와 짐작 못할 기후를 울고
낯선 이웃과 어색한 부딪힘과 사방천지 닫혀 있는 부자유를 울고
음흉한 눈빛들과 알 수 없는 내일에서 내일로 이어지는 먼 길을 울어라
지금 소리 내어 울지 않다가, 그것이 오래 묵으면
깊이 도지고 박혀서 검푸른 문신이 될 것이다
때가 비끼면 너는 겁쟁이, 너는 못난이
병약한 그늘에 팽개쳐진 도망자가 될 것이다
아가야 울어라, 우는 네 곁에서 나도 박자를 맞추어 타령을 읊을 것이니
내가 진작 너였다면 이렇게 부엉이처럼 앓지 않아도 되

었을 것을
 우는 네가 부럽다
 아가야 울어라
 악을 쓰며 울어라
 울 수 있을 때 마음 놓고 울어라

생두부를 먹을 때면

생두부를 먹을 때면 지금 막 출감하는 사람처럼 어지럽다
갇혀 지낸 옥중의 나날과 더 채워야 할 징역살이를 생각하고
나를 돌려세운 문밖의 사람들을 생각한다
높은 벼랑 뛰어내려 쾌청한 날씨
휘청거리며 걸어도 예삿일은 아니다

내가 먹는 두부는
콩을 갈아서 가라앉힌 하얀 단백질
죄를 갈아 가라앉힌 후회와 출발
생두부를 먹을 때마다 억눌렸다 놓이고 묶였다가 풀린 듯
알러지성 피부의 근질근질한 충동을 참는다
자유는 그러나 끝나지 않는 목마름일 뿐
방생도 목숨의 외로움일 뿐
심심한 생두부를 김치에 싸 먹으며
나는 악물고 결심한다
다시는 들키지 말아야지

곧이곧대로 토설하지 말아야지
생두부를 우물거리며
나는 아프게 다짐한다

어머니 큰 산

새로 이사한 집 베란다에 서면 대모산이 가깝다
느슨하게 가로 누워 쉬고 있는 산
어머니가 누울 때는 필경 어딘가 편찮았을 것이지만
참음을 덕목으로 아는 어머니처럼 대모산도 말이 없다

대모산, 큰 어머니 산, 어머니의 큰 산, 어머니처럼 큰 산
세계의 배꼽, 세계의 자궁
지상의 중심이 여기라고 외친다

새로 이사한 집 베란다에서는 어머니의 목 언저리부터 어깨,
 가슴으로 오르는 능선을 바라보고 어머니의 허리께와 어머니의 다리와
 어머니의 무릎
 저리고 시리고 욱신거리던 어머니의 몸
 대모산을 어루만질 수 있다

지난겨울 내린 눈이 아직 희끗희끗하고 깨어나지 않은 나무들은 거무죽죽하다
날마다 어머니를 마주하듯 산을 바라보다니 이사하기 잘했다
어머니는 그 곳이 타관처럼 낯설고 쓸쓸할 텐데
나는 이렇게 아무 일 없는 것처럼 산다
'어머니!'하고 입속으로 부르면 어머니가 돌아누워 내 쪽을 본다
대모산이 움직인다
일마다 물건마다 어머니가 잠겨있다
내가 걷는 걸음마다 아주 큰 어머니의 그림자가 있다

지금이 몇 시냐

어머니는 자꾸만 물으신다 지금 몇 시냐, 나 올해 몇 살이냐
장광 옆 채송화가 고개를 떨군 후 분꽃이 목을 빼어 나팔을 부는 시간
진흙 수렁 건너온 연꽃향내가 그중 거룩한 산의 능선을 모셔다가
묵념을 하는 시간입니다, 어머니
타다가 가라앉은 노을을 가로질러 새들은 오래된 숲으로 돌아오고
풀벌레들도 풀벌레라 울기 위해서 마음 늦고 엎드려 이슬을 모으는
'어머니 이렇게 너그러운 시간입니다'

어둠으로 질컥대던 막다른 길에서 나도 물었다
어리석음 부풀어 풍선처럼 떠오를 때 나도 내게 다그쳤다
지금이 몇 시냐, 여기가 어디냐고
되돌아 짚어보견 그 아픈 질문들이 삐끗하면 허물어질

줏대를 잡아
 가라앉은 물처럼 철들게 하고 나를 지탱할 눈물이 되었다
 아흔 살 삭는 뼈가 주저앉아서 그리운 곳을 향해 큰절을
하는
 새우처럼 등을 꺾은 정결한 어머니
 어느 때를 겨냥하여 시위를 당기는가, 자꾸만 물으신다
어머니는
 나 올해 몇 살이냐
 지금이 몇 시냐

• 이향아의 시세계

결곡한 시와 시인의 노래

강경희
(문학평론가)

1. '떨림'과 '전율'의 사랑

시인이면 누구나 자신의 온 생애를 시인으로 살고 또 시인으로 남고자 소망한다. 그러나 소망이 아무리 간절하다고 해도 시인으로 살고, 시인으로 기억된다는 것은 결코 쉽지 않는 일이다. 온전한 시인이 된다는 것은 '시의 길'과 '삶의 길'이 일치할 때 얻어지는 것이다. 시도 삶도 불완전할 때 그것은 성취될 수 없다. 그런 점에서 볼 때 이향아 시인은 천상 시인이다. 그는 누구보다도 결곡하게 시인됨의 길을 지켜온 시인이다. 그것은 그가 특별한 시적 재능을 지닌 사람이라는 것도, 특이한 인생의 이력을 지녔음을 의미하지도 않는다. 어쩌면 이향아 시인은 누구보다 평범하고 소박한 삶으로 일관해 온 시인이라 할 수 있다. 그럼에도 불구하고 단호히 그를 '진정한 시인'이라 말할 수 있는 것은 그가 자신과 타자와 세계에 쏟은 끊임없는 시적 열정과 한없는 사랑 때문이다. 시에 대한 그의 간절한 마음은 좀처럼 식을 줄 몰라, 마치 닳지 않는 심지처럼 계속해서 시심詩心의 불꽃을 태운다. 그 불꽃은 폭죽처럼 화려하거나 장렬하지는 않지만, 은은한 불씨를 간직한 아궁이처럼 따스한 온기로 우리의 영혼을 녹이는 마력을 지니고 있다.

이향아의 ≪꽃들은 진저리를 친다≫는 그의 열네 번째 시집이다. 1966년 등단 이후 열네 권의 시집을 엮는다는 것은 결코 평범한 일이 아니다. 40년 가까이 그는 시와 함께 젊음의 고뇌를 견뎠고, 중년의 질곡을 넘었으며, 이제 노년의 세계에 이르고자 한다. 따라서 이향아의 시는 그 자신의 생과 동일한 지평에 놓인다고 해도 무관할 것이다. 그렇다면 과연 이러한 지난한 시적 여정을 감당해 낼 수 있는 원동력은 무엇이었을까. 그 작은 해답의 실마리는 이번 시집의 자서를 통해 확인된다. "좋은 시를 읽을 때와 사랑하는 남자를 바라볼 때, 내 정서는 비슷하다. 그 남자를 향하는 내 열정과 시를 향하는 내 열정이 닮았다. 그 사람 앞에서 경건해지는 마음과 시를 읽을 때의 진지함이 같다. 그와 눈이 마주칠 때 내 시선의 떨림과 좋은 시 앞에서의 내 전율

이 비슷하다."라는 진술처럼 그에게 있어 시는 곧 한 사람을 사랑하는 마음과 같다. 그런데 여기서 주목할 것은 시에 대한 시인의 사랑이 마치 연애감정과 흡사하다는 점이다. 이는 그의 물리적 나이와는 무관하게 시에 대한 사랑만큼은 청춘의 그 어떤 열정보다도 강렬한 충일감을 내장하고 있음을 듯한다. 즉 대상에 대한 '떨림과 전율', '경건과 진지'는 사랑이라는 감정이 낳은 꽃과 열매이다. 따라서 우리는 사랑의 과업으로 낳아 올린 그의 시를 통해 시인의 온 육체와 정신이 수놓은 진실한 영혼의 무늬를 발견할 수 있을 것이다.

하지만 이향아가 탐구한 사랑의 방식을 이해하는 일은 결코 녹녹치 않다. 모든 사랑이 각자 나름의 개성과 태도에 따라 다른 것처럼 그의 사랑법 또한 일반의 문맥과는 사뭇 다르다. 이를 이은봉은 "구체적인 외적 대상을 객관적으로 묘사하기보다는 그것으로부터 비롯되는 내적 상념을 주관적으로 토로하는 진술 방식이" 이향아 시의 주된 특징이라 말한 바 있다. 그의 지적처럼 이향아 시의 독특한 내적 문법은 시의 의미가 언어의 표층적 차원에서 쉽게 포착되지 않는다는 점이다. 다시 말해 그는 명료한 의미론적 전언보다는 감각과 기억, 실재와 몽상을 혼재하는 방식을 택함으로써 자신만의 고유한 문법을 창조한다. 그래서인지 그의 시는 감각적 이미지에 갇히지도, 추상적 관념에 종속되지도 않는 그만의 개성적 발화법을 지니고 있다.

무엇보다 이 시인의 내밀한 목소리를 해독하는데 있어 주요한 것은 독특한 '어조'이다. 그것은 종종 '대화체'의 형식으로 나타나는데, 이는 서정적 주체의 내적 특징이 타자를 향해 열려있다는 것이다. 하지만 보다 정확히 말하자면 그의 타자성은 '자기 안의 타자성'이다. 즉 이향아에게 있어 '나와 대상'의 관계는 서로 표리表裏의 관계이다. 그에게 있어 대상에 대한 '말걸기'는 실상 자신의 내부에 있는 또 다른 자아를 향한 내적 물음인 것이다. 때문에 그의 시는 세계를 자기화 하는 방식을 취한다. 그럼으로 시인의 대화는 내적 독백이라 칭할 수도 있을 것이다. 여기서 우리는 이향아의 내면 세계에 대한 고백과 그 고백이 거느리고 있는 비유적 묘사를 통해 그의 시세계의 내면 풍경을 좀 더 가까이 들여다 볼 있을 것이다.

2. 자아 탐구의 고백시

모든 시의 출발은 자기 자신의 문제로 촉발되며 궁극적으로 시가 회귀할 종착점도 자기 자신의 문제로 귀결된다. '나는 누구인가', '나는 과연 행복한가', '나라는 존재는 가치 있는 삶을 살고 있는가' 이처럼 자기 안의 진정한 자아를 발견하고 탐색하려는 태도는 시인이 지녀야 할 최초의 물음인 동시에 숙명적 과제라 할 수 있다. 특히 고백시의 경우는 자기 자신을 대상화한다는 점에서 어떠한 형식보다도 자신의 문제로 집중된다.

≪꽃들은 진저리를 친다≫에서 이향아의 시선이 주로 머무는 것은 자신의 일상적 삶과 그것이 환기라는 내면 정서이다. 이때 그는 자신의 내면을 그리는 방식으로 대화체의 형식을 빌어온다. 〈침묵이라니요〉, 〈다시 만나더라도〉, 〈밥이 되겠습니다〉, 〈지금 수양하고 있습니다〉, 〈떠나면 떠나리라〉, 〈나를 거절하십시오〉와 같은 시는 대표적으로 그의 대화적 방식을 보여주는 시편이라 할 수 있다. 이들 시의 대부분은 표면적으로는 화자와 청자가 서로 분리되어 있는 듯하다. 그러나 본질적으로 이 둘은 '나'라는 동일자로 환원된다. 즉 그의 대화에 있어 주·객은 궁극적으로 자기 자신으로 투영된다. 그래서인지 그의 시적 화자는 대부분 시적 자아와 일치한다.

안부만 묻습니다
나는 그저 그렇습니다
가신 뒤엔 자주자주 안개 밀리고
풀벌레 자욱하게 잠기기도 하면서
귀먹고 눈멀어 여기 잘 있습니다
나는 왜 목울음을 꽈리라고 불어서

풀리든지 맺히든지 말을 못 하나
흐르는 건 절로 흐르게 두고
나 그냥 여기 있습니다
염치가 없습니다
드리고 싶은 말씀 재처럼 삭아
모두 없어지기 전에 편지라도 씁니다
어김없이 해는 뜨고 날짜가 지나
그 언젠지 만나질까요
그때까지 여전히
안녕히 계십시오
       -〈안부만 묻습니다〉 전문

내 넋은 여기 없습니다
오랜 나무 삭정이에 걸어두고 왔습니다
새로 핀 우듬지 엽록소 안창
먹고 죽을 비상처럼 숨겨 두었습니다
소망을 말할까요
아실 겁니다
나는 지금 껍데기만 앉아 있는 걸
바람 지나갈 때마다 물기 걷히고
있는 듯이 없는 듯이 나는 말라서
혹시라도 발밑에 먼지 같은 씨알 하나
시늉으로 떨어져 숨이라도 쉰다면
나는 여기 없습니다
용서하여 주십시오
       -〈나는 여기 없습니다〉 전문

위의 두 편의 시는 떠난 존재에 대한 상실감으로 고통받는 화자의 심리적 정황을 간절하게 전달하고 있다. 이들 시에 있어 1인칭 화자는 여성이고 2인칭 청자는 남성으로 그려지고 있는 듯하다. 그러나 실상 암시된 화자는 '탈'이며 진정한 청자는 다름 아닌 '나'라 할 수 있다. 그것은 '떠난 이'와 소통하려는 욕구보다는 상실의 아픔을 견뎌내는 '나'의 인내에 더 몰두되어 있기 때문이다.

언뜻 보면 두 편의 시는 자아가 처한 상황을 서로 대조적으로 진술하고 있는 듯하다. 즉 앞의 시는 그리운 대상을 언젠가는 만나게 될 것이라는 기대를, 뒤의 시는 자신의 '넋'조차 없어졌다는 절망적 고백처럼 들린다. 이 때 화자가 그리워하는 대상은 사랑하는 '님'일 수도, '절대적 존재'일 수도, '화자 자신'일 수도 있다. 하지만 이들 시가 담고 있는 시적 의미는 부재한 대상을 만날 것이라는 희망도 아니며, 만날 수 없다는 좌절도 아니다. 그보다는 오히려 대상 자체의 상실감이 야기한 '나'의 허무한 삶의 문제로 집중된다. 그래서 이들 시의 의미론적 공통점은 화자가 그리워하는 대상의 부재가 아니라, 그 부재가 빚어낸 나의 고통스런 실존적 상황이다. 그것은 곧 나라는 존재의 '있음'과 '없음'의 문제로 다시금 심화된다.

〈안부만 묻습니다〉의 "귀먹고 눈멀어 여기 잘 있습니다"라는 표현은 대상의 부재에도 불구하고 '내가 여기 있다는 것'을 의미하며, 〈나는 여기 없습니다〉의 "내 넋은 여기 없습니다"라는 표현은 '내가 여기 없다는 것'을 지칭한다. 하지만 이러한 나의 '있음'과 '없음'은 실상 동전의 양면처럼 동질의 의미를 지닌다. 이는 인간의 삶(있음)과 죽음(없음)의 문제가 가시적인 현상의 유무有無로서 그 의미를 획득하는 아니라, 보다 내적이며 본질적 차원에서 진정한 가치를 지니고 있음을 함의한다. 따라서 이들 시는 상실된 존재에 대한 막연한 그리움의 심정을 토로했다기보다는 상실감이 불러들인 '나'라는 존재의 '소멸의식'에 맞닿아 있다. 그럼으로 이들 시는 외면적으로는 자신의 삶에 대해 매우 담담한 어조로 말하고 있지만, 그 이면은 불안한 자아의 실존성을 문제 삼고 있는 것이다. 특히 '귀먹고 눈멀어', '재처럼 삭은 말씀', '먹고 죽을 비상', '발밑에 먼지 같은 씨알 하나'와 같이 자신의 처지를 지극히 왜소하고 무력한 것으로 묘사하는 삶의 태도는 상처받은 여성의 소극적 심리를 대변하는 것이기도 하다.

이향아의 시가 객관적 사물에 대한 묘사나 선명한 이미지에 포획되지 않는 것은 언제나 그의 시가 자신의 관념을 형상화하기 때문이다. 특히 이번 시집을 통해 자주 발견되는 사유의 경사는 사멸해 가는 존재에 대한 연민과 애착,

그리고 그러한 것으로부터 궁극적으로 자유롭고자 하는 의식의 발로라 할 수 있다. 이를 다르게 말하자면 인간 존재의 '실존적 고투'이다.

먼저 차츰 사라져 가는 인간 존재의 유한성을 상징적으로 보여주는 것은 다름 아닌 '껍데기'라는 시어이다. '껍데기'는 자신의 존재가 조금씩 마멸되고 있다는 인식의 단초를 보여주는 비유이다. "그 말까지 하고 나면/껍데기만 남을 테지"(〈그 겨울 연가〉), "나는 지금 빈 껍데기만 남았습니다"(〈침묵이라니요〉), "나는 지금 껍데기만 앉아 있는 걸"(〈나는 여기 없습니다〉), "빨랫줄엔 날마다 빈 껍데기처럼,/날 보쌈해 온 허름한 부대자루처럼,"(〈옷자락만 서걱거리고〉)과 같은 구절을 통해 알 수 있듯이 시인은 자기 자신을 '빈 껍데기'로 묘사한다. 껍데기란 알맹이가 사라지고 남은 헛것이며, 이는 모든 것을 소진하고 남은 가치 없는 대상으로의 전락을 의미한다. 하지만 시인은 이처럼 '유한한 것', '빈 것'을 통해 새로운 삶의 가치를 확인한다. "나 이렇게 결심하기로 했네/다시 태어나지 않겠습니다/환생이란 죽기보다 어렵습니다/엎드려 오늘을 지키게 하옵소서/업신여기던 어느 풀, 어느 짐승도/나보다 나은 줄 오늘 알았습니다"(〈오늘 알았습니다〉)라는 고백처럼 그는 인간의 유한성에 대한 깨달음을 통해 한없이 자신을 낮추고 세상과 평화롭게 공존하고자 한다. 아마도 이러한 '비어 있음'에 주목하는 이유 중 하나는 인생을 조감하는 연륜을 통해 삶의 깊이와 철학을 체득했음을 말해 주는 것이다.

3. '육체의 옷'과 '정신의 집'

이향아의 시에서 비교적 선명한 시인의 사유의 일면을 보여주고 있는 부분은 제2부의 '어미 독수리' 편이다. 2부의 시편들은 주로 유년시절의 따뜻했던 기억이 교차되거나, 자신의 가족과 일상을 둘러싼 생활의 문제가 거론되고 있는 시편이 눈에 띈다. 그런 점에서 볼 때 이 시편들은 비교적 시인의 삶에 대한 태도가 구체적이며 직접적으로 묘사되고 있다. 특히 〈오직 하나 언덕〉은 세계에 대한 시인 자신의 의식을 가장 상징적으로 보여주는 작품이다.

> 집은 내 소굴, 종신형의 감옥
> 그것은 멍에
> 슬픔을 비벼 삭일 오직 하나 언덕이다
> 어둠이요 치부,
> 그늘이요 울음,
> 그리하여 끝끝내 맹목의 평화
> 지겹게 바라보는 어리석은 입법이다
> 집은 오로지 버릇과 망각
> 비어 있는 껍데기,

몸에 걸쳐 헐렁한
때 묻은 의상
우순한 짐승처럼 갇혀서 맴돌아도
여기서 안식하고 나를 죽일 것이며
조금씩 조금씩
눈을 뜰 것이다
　　　　　－〈오직 하나 언덕〉 전문

자신의 존재가 거처하는 '집'에 대한 시인의 태도는 부정적으로 일관된다. 그에게 있어 집은 '소굴', '종신형의 감옥', '멍에', '어둠', '치부', '그늘', '울음', '맹목의 평화', '어리석은 입법', 'ㅂ 릇과 망각', '비어있는 껍더 기', '때묻은 의상'과 같이 자신의 존재를 억압하며 짓누르는 치욕적인 것들로 비유된다. 이는 그가 자신의 삶을 온전히 유지하며 살아갈 수 있는 최소한의 공간인 집을 자기 자신을 옥죄이는 형틀과 같이 매우 혐오스러운 것으로 파악하고 있음을 말해준다. 이처럼 자신의 집을 불온하고 타락한 공간으로 설정하는 것은 결국 일상에 안주하는 삶의 편안함이 한편으로는 시인의 정신을 나태하게 만든다는 것이다. 따라서 '집'의 부정화는 자기 경계의 목소리라 할 수 있다.

하지만 시인은 또한 고백한다. 치욕스런 공간인 '집'이 자신이 의지할 수밖에 없는 삶의 은신처임을. 즉 '집'은 삶을 굴욕적으로 만드는 대상인 동시에, 상처를 보듬어주는 위로의 공간이기도 하다. "슬픔을 비벼 삭일 오직 하나의 언덕"이라는 표현은 삶의 시련과 상처를 보호해주는 내밀한 공간이 '집'이라는데 있다. 문제는 이처럼 '집'에 대한 모순된 인식 속에서도 시인이 말하고자 하는 삶의 본질적 태도이다. 이 시의 마지막 구절은 '집'을 새롭게 인식하려는 시인의 의지가 함축되어 있다. "여기서 안심하고 나를 죽일 것이며/조금씩 조금씩/눈을 뜰 것이다"라는 진술은 현실과 타협하고 함몰되어 가는 자신을 부정(죽임)함으로써, 각성하는 자아(눈을 뜰)를 찾고자 하는 의지의 발현이다. 그것은 전폭적인 자기 부정과 반성을 통해 현실에 길들여지지 않으려는 태도이며, 부단히 새로운 정신으로 현실에 매몰되지 않으려는 적극적 의지이다.

이향아의 '집'이 타성에 젖은 삶을 각성하려는 시인의 정신을 표상하고 있듯이, 그에게 있어 '밥'의 문제 또한 자신의 게으르고 나약한 정신을 질타하는 매개물로 등장한다. 따라서 '집'과 '밥'은 모두 생존을 위한 도구이자, 나태한 삶을 자각하게 만드는 반성의 대상이 된다.

> 밥이라는 말이 혹시
> 도망가지 못할 막다른 벼랑처럼 보일지도 몰라서
> 내가 불쌍하거나 몽매하거나 캄캄하게 보일지도 몰라서
> 이리저리 궁리했습니다

(중략)
살아서 날마다 밥이나 죽이는
밥술이나 먹는다고
거드름을 피우는
아는 것이 오로지 밥밖에 없는
그런 세상토다야
열 번이나 백 번이나
밥이 되겠습니다
　　　　　－〈밥이 되겠습니다〉 부분

어머니, 저는 지금 공부하고 있습니다
배고파도 비굴하게 엎드리지 않으려고
배불러도 짐승처럼 타락하지 않으려고
어머니 저는 지금 수양하고 있습니다
배가 고플까 봐
그러다가 나 모르게 배가 부를까 봐
저는 지금 조심조심 훈련하고 있습니다
　　　　　－〈지금 수양하고 있습니다〉 부분

 밥이란 인간에게 가장 필요한 생명의 양식이다. 그러나 인간의 생명을 살리는 밥이 인간의 이기적 목적과 수단에 의해 남용될 때 그것은 생명을 살리는 '피'가 아니라, 생명을 죽이는 '독'이 될 것이다. 시인은 이처럼 변질된 '밥(물질)'을 통해 생명력을 상실한 위태로운 현실을 직시하고자 한다. 그리고 자신의 내부에 도사리고 있는 밥의 신성함을 불식시키는 모든 부정적 요소와 자신의 삶을 부패한 것들로 채우는 인간의 이기심에 경종을 울린다. 그것은 인간의 양식糧食이 다시금 건강한 생명을 지키는 삶의 양식良識이 되어야함을 말하는 것이다. 즉 시인은 '밥'을 통해 육체의 건강 뿐 아니라 영혼의 순결함을 올곧게 지켜내는 생명의 중요성에 대해 강조한다.

특히 "살아서 날마다 밥이나 죽이는/밥술이나 먹는다고/거드름을 피우는/아는 것이 오로지 밥밖에 없는/그런 세상보다야/열 번이나 백 번이나/밥이 되겠습니다"라는 다짐은 물질만을 추구하는 인간의 이기적 욕망과 배타적 태도를 질타하는 역설적 표현이다. 이는 "배고파도 비굴하게 엎드리지 않으려고/배불러도 짐승처럼 타락하지 않으려고/어머니 저는 지금 수양하고 있습니다"라는 말과 같이 물질적 가치만으로 인간의 삶을 평가하려는 타락한 자본주의의 극단적 삶의 양식을 고발하는 것이며, 이러한 삶으로부터 자신을 구제하려는 자기 수련의 방식이다.

이와 같이 '집'과 '밥'에 대한 시인의 관심이 남다른 이유를 추적해 보면 이는 유년시절의 기억과 밀접히 연관된다. "얘야 그만 놀고 밥 먹어야지/보라색 연기가 노을을 밀어/산 아래 동네는 우산처럼 오므라들었다/흙 묻어 놀던 애들 어스름에 잠겨서/구수한 내 피어나는 방구들로 스몄다"

(〈밥이 있는 그림〉), "'함께 먹자' 내 친구 서옥이가 말했다/ 보리떡 두 개를 수줍게 내밀면서/늦은 봄 하늘은 운동장 가까이 내려와/우리들의 어깨를 감싸 안았고/나누면서 살자, 앞날을 약속했다"(〈설레며 기다렸던 날〉)외- 같은 유년의 회상은 가난하지만 아름다웠던 과거를 추억함으로써 다뜻한 가족애와 우정이 살아있는 평화로운 공간을 그가 여전히 그리워하고 있음을 말해준다. 그것은 전통적인 삶의 가치가 나보다는 가족과 이웃이 함께 하는 공동체적 이념에 기초해 있음을 말해준다. 이는 오늘의 개인주의와 극단주의가 초래한 삶의 갈등과 불화가 저거되어 있는 행복하고 이상적인 공간이다. 따라서 시인이 이처럼 지나간 아름다운 추억을 떠올리는 것은 그러한 것들이 다시금 복원될 수 없다는 상실감에서 기인된 것이다. 하지만 시인은 여전히 삶의 아름다운 가치들에 대해 꿈꾼다. 그것은 단지 과거에 대한 반추로만 그려지지 않으며, 때로는 미래에 대한 조망을 통해 제시되기도 한다.

4. '초탈'과 '구원'의 시

젊음이란 인생의 격정적 욕망에 사로잡힌 시기라 할 수 있다. 삶에 대한 윌대한 포부는 때로는 물질적 욕망으로 외화되기도 하며, 또는 명예와 권력을 휘두르는 주체가 되어

자신의 삶을 화려하게 장식하고 싶은 야심에 불타기도 한
다. 하지만 인간은 흐르는 시간 앞에서 무력할 수밖에 없으
며, 유한한 존재로서의 삶의 허망함에 직면하게 된다. 즉
나라는 존재가 무던히 애써왔던 모든 인간적 욕망이라는
것은 실상 '헛것'에 대한 집착에 불과하다는 인식이 싹트게
되는 것이다. 따라서 인간은 '시간'을 사유함으로써 비로소
자신의 존재를 깊이 있게 성찰할 수 있게 된다. 이향아 시
인의 〈눈밭에 서서〉는 사멸해 하는 것들이 만들어낸 아름
다운 빛을 통해 순정한 마음으로 지켜야 될 참다운 가치들
이 무엇인지 확인하게 만드는 시이다.

> 우리도 나중에는 하얗게 될 것이다
> 하얗게 되어서 서늘할 것이다
> 불길이 꽃밭처럼 이글거리다가
> 그을린 삭정이 검푸른 연기까지
> 끝내는 흰 재로 삭는 것처럼
> 우리도 나중에는 하얗게 될 것이다
> ─〈눈밭에 서서〉 부분

시간이란 모든 것을 소멸하게 만든다. 탄생과 죽음, 젊음
과 늙음, 건강함과 병듦이라는 생물학적 현상은 너무나 자
명한 것임에도 불구하고 우리는 시간 앞에서 겸손하지 못
하다. 찬란하게 타오를 것 같은 젊음의 절정도 세월의 흐름

속에서는 점차 그 빛을 잃고 쇠락한다. 시인은 이러한 인생의 황혼을 '흰 빛'의 이미지로 묘사하고 있다. '눈 덮인 벌판'과 '흰 재'는 소멸하는 생명의 마지막 빛이다. 그런데 그 빛은 찬란하지는 않지만 순결하고 고결한 빛을 발한다. '재'는 모든 것이 타고남은 사물의 정수精髓라 할 수 있다. 그것은 모든 '허물'을 덮고 순화시키는 무화無化의 빛이다. 따라서 "우리도 나중에는 하얗게 될 것이다"라는 화자의 진술은 죽음 앞에서도 초연하고자하는 겸허한 삶의 자세이다. 이러한 삶에 대한 구도자적 태도는 〈포도주를 담그는 날〉에 이르면 절정의 빛을 발한다.

> 흰 무명 행주 짜서 물기를 닦고
> 항아리 뚜껑을 덮었습니다
> 송두리째 잊어버리게 하십시오
> 해 아래 살던 영광과 수모
> 목숨을 바쳤던 수백 날의 사랑
> 뿌리와 이틀을 잊어버리게
> 으깨어진 이마 홍수에 흘러
> 어둠 속에 파묻혀 죽을 때까지
> 죽음보다 지독한 외로움에 잠겨서
> 비몽사몽 향기로 헤맬 때까지
> 취기만 건지고 버리게 하십시오
> 저승처럼 통땅 잊어버린 후
> 오도 가도 못하는 벼랑 끝에서

지등처럼 나는 흔들리겠습니다
　　　　　　－〈포도주를 담그는 날〉 전문

　마치 한 편의 신앙시와 같은 이 시는 종교적 상상력이 엿보이는 시편이라 할 수 있다. 물론 이향아의 많은 작품 중에는 자신의 신앙에의 의지를 적극적으로 표명한 시 또한 다수이다. 하지만 이 시는 종교에의 관념을 직접적으로 드러내는 것 이전에, 한 편의 완성적인 미적 정황을 그리고 있다. 시인은 '포도주'를 담그는 과정과 그 술이 익어 가는 과정을 구체적으로 묘사하면서 '술'과 '인생'을 조화롭게 병치시키고 있다. 곱고 깨끗한 '흰 무명 행주'로 정성껏 담근 술항아리를 닦는 화자의 행위는 우리네 아낙들의 고운 마음씨를 그대로 옮겨온 듯하다. 그들이 담은 술항아리는 고된 노동의 피로를 말끔히 씻어주는 치유의 술이며, 부부의 정을 돈독히 다져주는 사랑의 술이다.
　하지만 시인은 이러한 인간적 염원만이 술을 담는 행위의 진의가 아님을 밝히고 있다. 그것은 보다 초월적인 존재로의 비상을 꿈꾸는 소망을 통해 시적 의미를 고양시킨다. 즉 세속의 묵은 때를 '잊고', '망각' 함으로써 끝내는 현재적 자아의 불완전성을 극복하려는 자기 수양의 과정이 술을 빚는 행위와 일치하는 것이다. "송두리째 잊어버리게 하십시오/해 아래 살던 날의 영광과 수모/목숨을 바쳤던 수백 날의 사랑"이란 구절처럼 시인은 자신의 모든 과오를 송두리째 망각하기를 바란다. 이때의 망각이란 '초탈의 경지'인 것이다. 그 '넘어섬의 경지'에 이르고자 시인은 '으깨어진 이마'로 '어둠 속에 파묻혀 죽을 때까지', '죽음보다 지독한 외로움'의 고통을 기꺼이 감내하는 것이다. 이처럼 자신의 허물과 죄를 온전하게 회개하려는 '비움의 정신'이야달로 진정 인생의 농익은 향기로 진동하는 것이다.

 이향아 시의 감동은 위태로운 벼랑끝에서 흔들리는 오늘의 위기적 삶을 외면하지 않으면서도, 그러한 고통의 현장에 당당하게 맞서려는 내적 힘으로부터 나온다. 이는 그가 평생 동안 시와 삶을 분리하지 않으려는 집념의 시인이기에 가능한 것이다. 그 집념과 사랑이 낳은 따뜻한 언어의 숨결을 응시하는 것은 무척 행복한 일이다. (이향아 시집 ≪꽃들은 진저리를 친다≫ 발문)

빛나는 시 100인선 · 2
이향아 시선집

안부만 묻습니다

초판인쇄 | 2013년 11월 08일
초판발행 | 2013년 11월 15일

지은이 | 이 향 아
펴낸이 | 서 정 환
펴낸곳 | 인간과문학사

주   소 | 서울특별시 종로구 삼일대로32길36
         301호(익선동, 운현신화타워빌딩)
전   화 | 02)3675-3885, 063)275-4000
등   록 | 제300-2013-10호
e-mail | human3885@naver.com
         inmun2013@hanmail.net

값 9,000원

ISBN 978-89-969987-5-4   04810
ISBN 978-89-969987-4-7   (전 100권)

* 저자와 협의하여 인지는 생략합니다.
* 잘못된 책은 바꿔 드립니다.

이 도서의 국립중앙도서관 출판시도서목록(CIP)은 서지정보유통지원시스템 홈페이지(http://seoji.nl.go.kr)와 국가자료공동목록시스템(http://www.nl.go.kr/kolisnet)에서 이용하실 수 있습니다.
(CIP제어번호: CIP2013023204)